L'ABBÉ FRANCE

CHANOINE HONORAIRE, CURÉ-DOYEN DE LANNION

KERDUEL

OU LES

MISSIONNAIRES DU XVIIᵉ SIÈCLE

AU PAYS DE LANNION

SAINT-BRIEUC
IMPRIMERIE-LIBRAIRIE-LITHOGRAPHIE RENÉ PRUD'HOMME

—

1890

KERDUEL

OU LES

MISSIONNAIRES DU XVIIe SIÈCLE

AU PAYS DE LANNION

KERDUEL

OU LES

MISSIONNAIRES DU XVIIᵉ SIÈCLE

AU PAYS DE LANNION

PAR

M. L'ABBÉ FRANCE

Chanoine Honoraire

CURÉ-DOYEN DE LANNION

SAINT-BRIEUC
IMPRIMERIE-LIBRAIRIE-LITHOGRAPHIE RENÉ PRUD'HOMME
—
1890

KERDUEL

ou

LES MISSIONNAIRES DU XVIIe SIÈCLE

AU PAYS DE LANNION

§ I. — Kerduel.

Lannion, partagé en deux parties presque égales par le Léguer, est une élégante petite ville de six à sept mille habitants, assise coquettement sur les deux rives de ce charmant cours d'eau qui mérite à peine le nom de rivière. La mer y monte à toutes les marées, pour former un des plus jolis ports de la côte bretonne.

Au XVIIe siècle, ce n'était encore qu'un château-fort flanqué de quatre tourelles, comme toutes les villes du moyen-âge destinées plus à défendre les habitants, qu'à développer leur bien-être par l'industrie et le commerce. Elle avait une fort belle esplanade occupée par l'église du Bally, massive construction qui venait de s'y élever au siècle précédent. Ses douves étaient profondes et ses rues étroites et tortueuses. La principale, et pour ainsi dire l'unique place, était entourée de maisons à cariatides, et avait pour tout ornement un auditoire, ou tribunal assez pittoresque.

On n'y voyait d'édifices importants, que le vieux couvent des Augustins et le prieuré presque en ruines de Saint-Jacut, près du pont de Kermaria. La chapelle de ces religieux servait même d'église paroissiale. Les deux ponts de *Sainte-Anne* et de *Kermaria an Draou,* se fermaient la nuit, pour arrêter les maraudeurs de Kerampont qui y faisaient de fréquentes excursions.

Brélévenez dominait la ville par son importante église des Trinitaires, où l'on montait par un escalier de plus de trois cents marches.

Une ceinture de châteaux et de gentilhommières couronnait toutes les hauteurs, par leur bois majestueux. *Coatfrec, Tonquédec, Runefao* et le *Cruguil* avaient été incendiés pendant la Ligue; mais *Kergrist* et *Kerduel* se faisaient encore admirer par leurs proportions élégantes.

Les Seigneurs de Lannion avaient déjà disparu de cette ville à laquelle ils doivent leur nom. Dès le XIII° siècle, ils étaient placés dans un rang distingué parmi la noblesse bretonne. Richard

Toussaint, Geffroy de Kerimel et quelques autres Seigneurs s'ùnirent à Briant de Lannion pour défendre cette place contre les Anglais, pendant la guerre de la succession ; mais à la bataille d'Auray, celui-ci prit le parti de Montfort, et fut député auprès du roi de France Charles VI, pour lui demander ses bonnes grâces et la paix en faveur du nouveau Duc. Il réussit très bien dans sa mission, ce qui ne l'empêcha pas de rester fidèlement attaché au parti anglais, qui protégeait alors l'indépendance de la Bretagne.

En 1380, son fils fut envoyé comme ambassadeur en Angleterre. Il signa l'acte de la fondation de l'église de Saint-Michel, bâtie à l'endroit même où se donna la bataille d'Auray, si fatale à Charles de Blois. Il se maria à Marguerite du Cruguil, et ses descendants eurent toujours les premières places à la cour du Duc de Bretagne. Plus tard, après la réunion de notre province à la couronne de France, les seigneurs de Lannion se distinguèrent dans les armées du roi, particulièrement aux deux batailles d'Hochstet, où Claude commandait comme capitaine-lieutenant.

Au XVIe siècle, cette famille s'alliait aux Clisson, aux Loz, aux Pontcallec et aux Quelen de Vieux-Châtel, puis aux seigneurs d'Arradon ; et après avoir rendu d'importants services au duc de Mercœur, tous ses membres rentrèrent sous l'obéissance de Henri IV, et sont depuis restés fidèles à la monarchie française. A la cour, la famille de Lannion n'était plus représentée que par les femmes. Elle compta plusieurs filles religieuses et un Père capucin, Briant de Lannion, qui a composé une sorte de catéchisme breton, avec des commentaires assez renommés.

Au nord de Lannion, en Pleumeur-Bodou, on admire encore le château de Kerduel, élégamment assis sur le versant midi d'une ravissante petite vallée, qui s'étend, d'un côté, jusqu'à la splendide baie de Perros, et de l'autre jusqu'à l'entrée de l'Ile-Grande, *Enès-Meur* dans la langue bretonne.

Non loin de l'embouchure d'un des ruisseaux qui la baignent, on découvre un tertre de verdure que la mer entoure à chaque marée, c'est l'*Ile d'Aval* ou *Enès-Avalon*.

Tout ce pays, aujourd'hui dénudé, était couvert de grands bois de hêtre et de chênes vigoureux. On en voit encore de beaux restes dans l'avenue qui conduit à cette délicieuse habitation. Le roi Arthur y tenait, croit-on, sa cour plénière, au milieu de ses chevaliers, autour d'un immense *dolmen*, qu'on appelait la *Table-Ronde* (Fréminville).

A sa mort, car il mourut, bien que la légende bretonne le fasse encore vivre dans quelque forêt enchantée ; à sa mort, il fut enterré dans l'Ile d'Aval, sous un *tumulus* surmonté d'un *menhir*; ses chevaliers, dignes compagnons de ses exploits glorieux, vinrent successivement, — peut-être tous à la fois, car la vie leur était peu de chose après la perte de leur chef bien-aimé, — vinrent se ranger en couronne autour de son mausolée. Ensevelis dans des tombes de granit, la tête tournée respectueusement vers le *tumulus*, ils forment comme les rayons d'un cercle immense, autour de leur roi.

Les Bretons ont versé, sur ce tertre verdoyant, toutes les larmes de leurs yeux. Arthur était pour eux le héros de l'indépendance et le dernier espoir du bonheur !

Il y a quelques années, un laboureur, voulant niveler son champ, a découvert leur tombes séculaires. Il s'est arrêté comme effrayé, à la vue de ces ossements qui lui rappelaient les géants de nos Livres Saints. La piété bretonne avait érigé sur ce cimetière de nos âges héroïques une croix monolithe au IXe siècle, époque non moins merveilleuse de Charlemagne et de son illustre neveu, le paladin Rolland.

Aujourd'hui tout cela a disparu, et des gerbes dorées remplacent à la fin de l'été, ces tombes légendaires dont le souvenir allait se perdre dans la mémoire des hommes. Une chapelle dédiée à saint Marc protégeait ces restes imposants. Elle a aussi été démolie et transférée à l'Ile-Grande, parce qu'il y a sur ce rocher une agglomération plus considérable d'ouvriers occupés à extraire le granit ; et les chevaliers de la Table-Ronde, exhumés de leurs tombes de l'Ile-Aval, y ont été transportés également. Une grande fosse fut creusée dans ce nouveau cimetière, pour recevoir les débris de nos anciens héros. Qu'ils y reposent en paix !

Que s'est-il passé depuis cette époque si éloignée, sur les bords du ruisseau de Kerduel? Nous ne chercherons pas à le savoir. La famille de ce nom a disparu aussi, avec son écusson aux *six annelets d'argent*, et nous passons sur ce grand nombre d'années, pour nous arrêter un instant au XVIIe siècle, où nous trouvons encore à Kerduel d'autres guerriers, j'allais dire d'autres héros, mais pour des conquêtes plus pacifiques. Leurs noms nous reviennent en mémoire, toutes les fois que nous traversons cette belle vallée, après nous être reposé sous les magnifiques yeuses ou chênes verts qui indiquent les approches du château. C'est l'abbé *Hingant de Kerisac,* propriétaire de ce domaine, le saint Vincent de Paul du pays de Lannion ; l'abbé *de Trémaria* son beau-père, non moins dévoué pour les pauvres ; l'abbé *Kerdu Le Gall*, le savant recteur de Servel ; l'abbé *Enault* ou Eno, mort en odeur de sainteté à Ploulec'h, sa paroisse natale ; l'abbé *Guer,* marquis de *Pontcallec*, qui se fit prêtre et missionnaire comme eux ; l'abbé de *Meur de Kerigonan,* chanoine de Tonquédec, l'un des fondateurs du séminaire des Missions Etrangères à Paris, tous compagnons du Père *Maunoir* qui y a séjourné plusieurs fois au milieu d'eux; l'abbé de *Kerméno de l'Ivern*, fondateur de l'hôpital de Lannion; Pierre de *Loz* seigneur *de Kergouanton* qui fonda celui de Tréguier, où il a voulu mourir dans la salle des malades; enfin l'illustrissime *Balthazar Grangier de Liverdis*, le grand évêque de Tréguier, qui encourageait, par sa protection et son exemple, toutes ces héroïques vertus ! Quelle pléïade de nobles et grandes âmes groupées sous le même toit ! Leur souvenir, mêlé à d'autres encore, mérite bien d'occuper la mémoire des hommes de notre bon pays de Lannion, qui a profité de leur zèle et s'est enrichi de leurs vertus.

Quoique dernier venu dans cette région mieux appréciée aujourd'hui, on me pardonnera, je l'espère, de rappeler l'attention sur ces vies illustres à plusieurs titres : faire connaître les hommes d'un pays, quand ils ont brillé par l'éclat de leurs vertus, c'est aussi devoir de pasteur, car l'exemple vaut mieux que les discours pour attirer dans le chemin de la vertu.

La vie de tous ces prêtres et pieux fidèles, a été écrite par Dom Lobineau, l'abbé Tresvaux et quelques autres encore; mais aucune avec autant de charme que celle de Vincent de Meur, par notre ami Arthur du Bois de la Villerabel, si remarquée au Congrès de Lannion en 1884. Telles sont les sources où nous devrons puiser le plus souvent, pour parler avec quelque intérêt de ces hommes aussi pieux que modestes qui ont, à cette époque, jeté un si vif éclat sur le pays et autour de la ville de Lannion.

La gloire littéraire était le moindre de leurs soucis : c'est par leurs prédications et les bienfaits de leur charité, qu'ils ont voulu régénérer le peuple. Leur zèle ardent qui brûlait comme un immense foyer, a profité à toutes nos campagnes aussi bien qu'aux principales villes de notre région. Le château de Kerduel a gardé quelque chose de ce rayonnement de piété, et notre siècle, si tourmenté par les discussions stériles des opinions qui nous divisent, a pu admirer sous ces grands arbres, les vertus admirables et la charité sans borne de Mademoiselle Maria de la Fruglaie, vraie fille de Saint-Vincent, qui promenait dans nos campagnes les dons généreux de ses inépuisables bienfaits. Jeune encore, nous avons eu le bonheur de la rencontrer, de recevoir même de ses mains, les soins qu'elle prodiguait chaque jour aux enfants de la chaumière, comme aux malheureux de nos villes. Nous aimions à la voir sur les clairières des superbes bois de la Grand'-Ville en Bringolo, où sa sœur habitait alors. Tous la saluaient respectueusement en l'appelant la bonne Demoiselle. Peu de personnes ont fait autant de bien pendant leur vie.

Mademoiselle de la Fruglaie s'occupait en outre d'études sérieuses : elle écrivait avec élégance, et c'est à ses notes, pieusement conservées à Kerduel, que nous devons de pouvoir nous guider sans trop nous égarer, dans notre modeste travail. Nous sommes heureux de pouvoir remercier ici Madame la Vicomtesse de Champagny, sa digne petite nièce, qui nous les a si gracieusement communiquées. La tradition de foi religieuse, avec l'amour des pauvres, s'est fidèlement conservée dans sa famille. La discrétion ne nous permet pas d'en dire davantage : la voix des pauvres parlera plus haut, et Dieu est le seul qui puisse récompenser dignement tout le bien qu'on leur fait en son nom.

§ II. — La Bretagne au XVIIᵉ Siècle.

Il y avait à peine un siècle que la réunion de la Bretagne à la France était consommée, et elle recueillait déjà le fruit amer de cette union. Les guerres de religion y éclatèrent avec une fureur inouïe. Nos ancêtres soutinrent la cause de l'Eglise catholique avec la pieuse ténacité et la conviction profonde qui distinguent la race bretonne.

La vraie foi, depuis la grotte de Bethléem, a toujours commencé par les humbles de la terre, pour gagner ensuite les riches et les savants du monde qui devinrent sa conquête. Il en fut autrement du protestantisme : il naquit patricien et envahit l'édifice social par les points les plus élevés. Les seigneurs, les savants, les magistrats furent ses premiers apôtres, et la puissance des rois, son principal appui. Le peuple, qui est tout cœur et tout imagination, haïssait au fond ces hommes armés, avec leurs habits sombres et leurs visages plus sombres encore, qui voulaient lui arracher sa bonne Vierge et ses saints, l'étoile matinale de son ciel, et les fleurs embaumées de son paradis. Cette religion toute nouvelle au souffle glacé, qui tarit dans le calice le sang du rédempteur Jésus, et met un ministre raisonneur à la place de l'humble prêtre annonçant le Dieu de charité, la Bretagne ne s'y attacha jamais. On aime chez nous à écouter la voix des morts dans leurs tombeaux ; à respirer l'odeur des cierges qui brûlent sur l'autel ; à contempler les mille couleurs du soleil à travers les vitraux de nos églises, et à écouter les sons harmonieux des cloches dans leurs tours à dentelles de granit !

Le protestantisme supprimait tout cela, en mettant le froid égoïsme sous le nom de philanthropie, à la place de l'ardente charité de la religion catholique. (*Bret. cont.*)

La politique s'étant mêlée à ces troubles qui agitaient les esprits, la Bretagne se vit de nouveau en proie à toutes les horreurs de la guerre civile. Nantes fut la première ville envahie par la religion nouvelle, connue sous le nom de *réforme;* Rennes eut son tour peu après. On s'y disputait en pleine rue, puis venaient les luttes sanglantes, suivies de scandales et scènes d'une violence extrême.

La noblesse rêvait un gouvernement féodal, et crut le moment favorable pour secouer le joug de la France. D'un autre côté, l'Espagne et la Savoie dont les souverains descendaient d'Anne de Bretagne, cherchaient aussi à s'emparer de notre belle province. Les plus beaux noms de notre pays, des guerriers portant les mêmes armes et les mêmes blasons, se trouvèrent ainsi réduits à combattre dans des camps opposés, et le peuple fut obligé d'embrasser leurs querelles ; mais il garda religieusement sa foi. Nous n'entrerons pas dans les détails sanglants de la guerre qui s'ensuivit. Nos villes furent tour à tour prises et reprises, les maisons brulées et les paisibles habitants passés au fil de l'épée. Tréguier qui contenait une population de plus de vingt mille âmes, ne garda guère que les humbles limites que nous lui connaissons aujourd'hui. Lannion avec le seigneur de Kerguézai et les tisserands de Brélévenez, livraient des combats meurtriers sur les grèves de Saint-Michel. Paimpol, préféré à Brest pour une occupation de protestants envoyés par la reine Elisabeth, fut le centre d'action de ces cruels insulaires.

Pendant trois ans, ils dévastèrent les belles campagnes qui l'entouraient. Bréhat allait être anéanti sans le prompt secours des Malouins, et les catholiques furent taillés en pièces près du bourg de Lanmodez. Ils y perdirent leur chef avec l'élite des jeunes gens du pays, à l'endroit où s'élève aujourd'hui la chapelle de Karmassac qui sert de tombeau au valeureux vicomte de Derval.

La Fontenelle arma le peuple des environs de Mené-Bré, pour son propre compte, et fit payer chèrement aux protestants les quelques avantages qu'ils avaient obtenus dans la presqu'île de Tréguier. Dans sa fureur guerrière, il dépassa sans doute plus d'une fois les limites qu'il n'est jamais permis de franchir ; mais il ne mérite pas plus le nom de brigand qui lui a été donné par ses adversaires, que les autres chefs de ces luttes fratricides, et le peuple, qui n'écrit l'histoire que par ses guerz et ses complaintes chantées à tous les foyers, le traite avec autrement de douceur. Les cachots de Coadélan en Prat, sont toujours là sans doute : la Fontenelle y renfermait ses prisonniers pour en obtenir de fortes rançons ; mais au moins, il n'y a pas de trace de sang versé.

A l'avènement de Henri IV, le parlement de Rennes lui prêta serment de fidélité à condition de maintenir la religion catholique, et d'abjurer la religion protestan Le roi s'y étant refusé, la

Bretagne reprit les armes et le duc de Mercœur, qu'un de nos évêques appelait naguère le *dernier des Croisés*, soutint vaillamment la cause de l'Eglise. Il porta avec courage et bien haut le drapeau catholique, même après la conversion de Henri, de crainte d'être trompé, comme il avait failli l'être, neuf ans auparavant. Dès qu'il fut rassuré sur les sentiments du Souverain, Mercœur vint à Angers faire sa soumission, et pour cimenter cet acte qui rendait la paix à la Bretagne, il fut stipulé que sa fille épouserait César de Vendôme. Ainsi la dernière descendante de cette noble et fière maison des Penthièvre, devenait l'épouse d'un fils naturel du roi de France ! Vendôme fut nommé gouverneur de Bretagne.

Henri fit son entrée solennelle à Nantes, et put se convaincre par ses propres yeux, que les ducs de Bretagne n'étaient pas de *petits compagnons*. Il y signa l'édit célèbre qui porte le nom de cette ville, pour consoler les protestants de leur apparente défaite. Cet édit désarmait les catholiques, tout en laissant les armes aux mains de leurs ennemis. Le culte réformé ne put cependant s'exercer à Nantes même, ni dans l'évêché de Quimper. A part quelques prêches sans importance dans celui de Saint-Brieuc, la Bretagne avait gardé intacte l'intégrité de sa foi.

Avant de quitter notre pays, Henri s'apitoya à Rennes sur la pauvreté du peuple, et remit aux

Bretons toutes les contributions qu'il leur avait imposées à la signature de la paix. C'était le gage assuré d'un peu de calme qui apparaissait à notre pays, sous les brillantes couleurs de l'alliance et des promesses. Ce calme, plus apparent encore que réel, lui permit cependant de sonder la profondeur de ses plaies, et de calculer la grandeur de ses ruines : villes désolées, châteaux désarmés, forteresses démantelées, la Bretagne, en un mot, livrée sans défense aux mains de la France qui venait de la vaincre.

Si lamentable que fût ce tableau, ce n'était cependant qu'un coin des malheurs causés par cette funeste guerre de la Ligue. Les églises aussi étaient presque toutes en ruines, et les monastères dépeuplés. Les terres laissées en friche ne fournissaient aux habitants qu'une nourriture insuffisante. Les Bretons se consolèrent néanmoins : leur foi leur restait, et avec l'énergie qui les distingue, ils comprirent et pratiquèrent cette belle parole du roi : « *L'agriculture et le commerce sont les deux principales sources de la richesse publique.* » Ils se mirent donc à travailler leurs champs, et à parcourir les mers, pour porter au loin les produits de leur culture. Les églises elles-mêmes se relevèrent de leurs ruines, et les religieux retournèrent dans leurs monastères. L'architecture ogivale qui avait fait son temps, se vit remplacée par un nouveau style dit de la renaissance, et les monuments qu'il nous a légués ne manquent ni de grandeur ni d'élégance.

Cette restauration matérielle était bien importante sans doute, mais elle ne suffisait pas. D'autres ruines plus difficiles à réparer se montraient partout, non seulement en Bretagne, mais dans la France tout entière. L'instruction religieuse, par la force même des choses, avait plus souffert que tout le reste encore, et il fallait plus de temps pour la relever. Nous sommes loin de croire cependant, qu'après une lutte si glorieuse pour la défense de sa foi, notre pays fût plongé dans une telle ignorance, « *qu'en plusieurs endroits*, dit le Père Boschet, *on avait aboli le culte du vrai Dieu, pour se livrer à l'impiété et à la superstition, et que le démon avait perverti les pasteurs eux-mêmes.* » Quelques paroisses un peu arriérées, un certain nombre de pasteurs tant soit peu négligents ; des superstitions qui existent encore et dureront toujours ; des désordres nés de la guerre et non réprimés partout, c'est beaucoup sans doute, trop même, si l'on veut, mais pas assez pour justifier ce reproche d'ignorance et de superstition, déversé sur une province « *la plus religieuse de France*, d'après le témoignage du même Père, *province sinon la plus florissante du royaume, du moins extrêmement distinguée par la constance et la vivacité de sa foi.* » (Epître aux Etats de Bretagne).

§ III. — Les premiers Missionnaires Bretons.

La Bretagne a eu des missionnaires presque de tout temps. L'hospitalité proverbiale de ses habitants ; leur curiosité non moins connue, au point d'arrêter les voyageurs pour leur faire raconter ce qu'ils avaient vu dans leur courses lointaines ; leur goût bien prononcé pour les pèlerinages, enfin leur foi vive et leur imagination ardente, tout contribuait à leur faire bien accueillir ceux qui leur parlaient de Dieu et de la Sainte Vierge. Les bienheureux qu'on honore dans nos modestes chapelles ou les belles églises de notre pays, et qui ont paru de siècle en siècle, jusqu'à nos jours, ont été des missionnaires, depuis saint Corentin, saint Tugdual, saint Yves, pour ne pas prolonger une liste bien glorieuse cependant.

A la fin du XV° siècle, un célèbre dominicain, Alain de la Roche, parcourut notre province, en y prêchant le saint rosaire ou psautier de Marie, comme on l'appelait alors. Sa prodigieuse facilité, jointe à une originalité peu commune, lui permit de prêcher la même dévotion, jusque dans les pays étrangers, la Hollande et l'Allemagne, ce qui fit douter quelque temps de sa nationalité bretonne. La Sainte Vierge lui était apparue sur un de ces immenses rochers qui hérissent nos côtes, et il fit vœu de ne prêcher que son culte, toute sa vie. Sa parole ardente et fortement imagée pénétrait et touchait les cœurs les plus endurcis, et la dévotion de nos pères pour la Mère de Dieu reçut par son zèle un nouvel accroissement.

La guerre avait cependant presque effacé les traces de la prédication d'Alain de la Roche; mais aussitôt que la paix religieuse eut permis à chacun de rentrer en soi-même, pour retrouver ses vieux souvenirs, la première chose qui se présenta à l'âme, ce fut la douce image de Marie. C'était l'arc-en-ciel après ce terrible orage et l'épouvantable tempête de nos guerres civiles.

Pour donner à cette dévotion un corps et une stabilité désormais à l'abri du danger et à l'épreuve de toutes les difficultés, Noël Deslandes, le pieux évêque de Tréguier, l'ami de saint François de Sales, établit la confrérie du rosaire dans chaque paroisse de son diocèse. Des religieux de l'ordre de saint Dominique comme lui, parcoururent nos campagnes, prêchant partout la sainte Mère de Dieu, et apprenant au peuple à l'honorer par la récitation du chapelet. Il y avait à peine trente ans que Marie avait montré son intervention puissante à la bataille de Lépante, et déjà les chrétiens du monde entier se livraient sur les pas du glorieux saint Pie V, à cette dévotion du Rosaire désormais populaire.

Des tableaux furent peints et exposés dans toutes les églises comme marque extérieure de la confrérie. Il y a près de trois siècles depuis. La tourmente révolutionnaire a passé sur notre pays, emportant, dans sa fureur aveugle, nos institutions les plus solides en apparence ; mais le Rosaire et ses tableaux sont restés comme un point de ralliement autour duquel s'est réveillée la religion de nos pères. Et aujourd'hui, comme au temps de Mgr Deslandes, les femmes bretonnes et les hommes eux-mêmes, se réunissent avant ou après les vêpres, le dimanche, pour réciter, en commun, le Rosaire de la Sainte Vierge. Marie les regarde gracieusement de son tableau où elle tend un rosaire à saint Dominique, pendant que son fils, assis sur ses genoux, en présente un autre à sainte Catherine de Sienne. Autour de cette douce vision, s'étalent en couronne de roses les quinze mystères qui rappellent tour à tour les joies, les douleurs et les gloires de la Mère de Dieu. C'est en méditant sur ces mystères que l'on égrène le chapelet désormais inséparable de la piété bretonne. La confrérie avait de plus une croix dont le croisillon était entouré d'un rosaire en verroterie de couleur. Elle se portait à la procession du premier dimanche de chaque mois. Cette croix a disparu de nos églises, mais on en découvre encore des débris dans quelques vieilles sacristies.

La Bretagne avait ainsi retrouvé, en partie du moins, les pieux exercices de sa religion ; mais dans le reste de la France, le mal qui avait creusé de plus profondes racines, fut plus de temps à se guérir. L'état lamentable où tout était tombé, toucha profondément de nombreuses âmes que Dieu suscita pour le bien. Instruire le peuple sur ses devoirs et soulager la misère du pauvre, ce fut le résumé de la vie de saint Vincent de Paul dont ce siècle aurait dû porter le nom. Il a réuni ainsi dans son zèle et sa sainteté, tout ce que d'autres avaient déjà tenté pour guérir ces deux grandes plaies, l'ignorance et la misère, et l'on sait combien d'œuvres de charité sont écloses de ce cœur brûlant d'amour pour les pauvres.

Comme après une guerre dévastatrice, on se recueille pour aviser au moyen de réparer tant de ruines, les hommes de cœur, et ils furent nombreux à cette époque, s'émurent aussi de pitié pour notre pays naguère si pieux et si prospère ; et tous se réunirent dans cette pensée que les missions étaient le meilleur remède à tant de maux. Ce courant, qui se fit sentir un peu partout, fut plus prononcé en Bretagne que nulle part ailleurs. Saint Vincent de Paul avait fondé la congrégation de la mission qui évangélisa toute la France. A son exemple, plusieurs prêtres bretons songèrent aussi à employer ce moyen efficace pour régénérer leur pays. Le mouvement ne fut pas encore général ; mais il s'accentuait de plus en plus chaque jour. A leur tête se présentent d'abord Michel Le Nobletz et le Père Maunoir.

Si cette époque avait été témoin de tristes défections, elle put admirer aussi les grandes conversions et la vocation d'un grand nombre de nobles seigneurs qui s'associèrent au clergé, pour la régénération et le soulagement du peuple. Il suffit de nommer Pierre Gouvello, plus connu sous le nom de M. *de Quériolet,* puis Jean *Hingant de Kerizac* et Nicolas *Saludem,* comte de *Trémaria,* tous trois conseillers au parlement de Bretagne ; Eudo de *Kerlivio,* Vincent *Huby,* M. de *Meur,* le marquis de *Pontcallec,* pour ne parler que de ceux qui furent les compagnons du Père Maunoir dans ses missions au pays de Lannion.

Nous devons cependant mentionner encore le bienheureux Grignion de Monfort, que l'Eglise vient de placer sur ses autels. Sa vie si glorieuse pour la Bretagne, a plus d'un rapport avec celle de Michel Le Nobletz par laquelle nous allons commencer cette étude. Michel a donné le Père Maunoir et les religieux qui continuent son œuvre dans notre pays ; et le Père de Monfort nous a dotés des missionnaires du Saint-Esprit et des Filles de la Sagesse, qui se proposent le même but et obtiennent des résultats non moins glorieux.

§ IV. — Michel Le Nobletz.

Michel Le Nobletz nous représente assez, dans l'ordre spirituel, ces hardis pionniers que rien n'arrête, quand il s'agit de vaincre les difficultés pour arriver à leur but. Dès son enfance, il eut plusieurs visions miraculeuses. Dieu l'appelait, comme le prophète, à quelque chose de grand, en le laissant toutefois libre de choisir sa voie. Sa famille était une des plus nobles du pays de Léon, et il naquit le jour de la fête de saint Michel, au château de Kerodern, en la paroisse de Plouguerneau.

Par sa mère, Françoise de Lesguern, Michel se rattache à l'honorable famille de ce nom, au diocèse de Cornouailles, aujourd'hui de Saint-Brieuc. Il étudia les belles-lettres à Paris, puis dans quelques établissements des Jésuites, et composa des ouvrages en vers latins et grecs, chose assez rare, même à cette époque classique par excellence. Quand il eut reçu le sacerdoce, il sentit que son zèle ne pourrait jamais se borner aux limites d'une paroisse, ni aux exigences d'une maison religieuse. Le jeune prêtre demanda à l'espace des courses apostoliques, la liberté de prêcher et de convertir les âmes partout où Dieu l'appellerait. Doué d'une imagination brillante, d'une mémoire prodigieuse, d'une ardeur admirable pour le bien, et d'une foi à transporter les montagnes, Michel pouvait avoir une action puissante et exercer une influence extraordinaire sur le peuple. C'est ce qui eut lieu. L'Evêque de Quimper le disait tellement doué, qu'il savait par cœur toute la Bible en grec, et le Père de la Porte n'hésitait pas à le proclamer le plus savant de la Bretagne. Depuis saint Yves on n'avait pas vu un prêtre plus éminent en vertus ; et depuis saint Vincent Ferrier, un missionnaire plus zélé.

Comme toutes les grandes âmes, Nobletz ne tenait aux biens de la terre que pour arriver à soulager plus facilement les pauvres ; et son amour pour eux allait au point de se voir réduire à l'indigence, si Dieu, par un miracle souvent répété, n'avait remis dans ses coffres les sommes qu'il en extrayait tous les jours pour soulager les malheureux. Quoique docteur en théologie, il refusa tous les bénéfices ecclésiastiques. Son père croyait l'obliger à les accepter, en lui refusant, de son côté, tout secours sur sa fortune personnelle. Ce fut en vain, et comme saint François d'Assise, il se dépouilla de tout ce qu'il tenait de sa famille, pour se retirer chez une pauvre femme qui avait été sa nourrice. Il se fit construire une petite cellule couverte en paille, qu'on voit encore sur les bords de la mer, non loin du bourg de sa paroisse natale. C'est là qu'il se prépara à l'œuvre des missions, rêve de toute sa vie. Le divin Sauveur l'avait appelé à cet apostolat, en lui apparaissant un jour sous son humanité sainte dans le pain eucharistique. Ses austérités étaient effrayantes ; et c'est après avoir ainsi dompté sa chair, qu'il se sentit une grande facilité pour s'entretenir avec Dieu par la contemplation et l'oraison mentale.

Plouguerneau eut les prémices de son zèle et de ses travaux apostoliques. Il y prêcha quelque temps, comme pour s'abreuver des humiliations que lui faisaient subir ses parents, et goûter le bonheur de se voir, pour son maître divin, dans un état approchant de ce que le monde appelle si légèrement la folie de la Croix. Mais il comprit bientôt l'inconvénient d'être seul pour une œuvre d'une telle importance, et songea dès lors à s'associer un compagnon. Celui qu'il choisit pour collaborateur était un seigneur breton, qui avait servi comme colonel dans l'armée de Mercœur. Il était de Ploujean, de la maison de Kerosac'h, et s'appelait Quintin. Michel, durant le cours de ses études, l'avait rencontré dans le monde, égaré de sa voie, et l'avait ramené à Dieu. Les Pères Jésuites le reçurent dans leur compagnie, tout en lui permettant de vivre dans le lieu de sa naissance, à cause de la faiblesse de sa santé. Le Père Quintin fut pour Michel un compagnon plein de zèle et de dévouement. Ses missions cependant ne réussirent pas à son gré dans le Léon, et il s'avança vers le pays de Tréguier.

Adrien d'Amboise, dans une visite pastorale à Morlaix, avait fait la rencontre de Michel Le Nobletz, et avait admiré son zèle et ses talents. Il lui donna la permission de faire le catéchisme et des instructions, dans toutes les chapelles de cette ville qui dépendaient de son diocèse. « *Marchez,* « lui dit-il, *de l'avant, quelque obstacle ou oppo-* « *sition qu'il vous arrive de rencontrer, et donnez* « *des missions partout où vous le pourrez, dans* « *toute l'étendue du diocèse de Tréguier.* » Nous ne croyons pas que Michel ait profité de cette invitation du pieux évêque, pour prêcher ailleurs qu'aux environs de Morlaix. Il ne voulait pas s'éloigner de son pays de Léon, pour lequel il conserva toujours une grande prédilection.

Il y revenait sans cesse, se sentant le besoin, comme le géant de la fable, de réparer ses forces au contact de sa terre natale.

La collaboration du Père Quintin n'avait servi qu'à faire paraître de plus en plus l'humilité de Michel Le Nobletz. Il avait chargé son ami de faire les grandes instructions, et de prêcher les sermons les plus propres à émouvoir les cœurs. Pour lui, il s'était réservé d'expliquer simplement le catéchisme, et d'enseigner les principaux mystères de la foi, et il le faisait partout, même en rase campagne, quand il trouvait quelqu'un pour l'écouter.

Marguerite, sa sœur, embrassa son œuvre avec une sainte ardeur ; elle le suivait dans ses missions, louait, pour quelques semaines, une masure quelconque au bourg ou dans les environs, et y réunissait les petites filles de la campagne pour leur apprendre le catéchisme avec leurs devoirs religieux. Au Conquet, elle fit la rencontre d'une pieuse veuve douée des plus beaux talents, et pour ainsi dire du don des langues. Les marins de ces côtes dangereuses subissaient son influence, et avaient la plus grande confiance dans son savoir. Elle s'appelait Françoise Le Troadec, et s'associa avec joie et empressement à l'œuvre des missionnaires. Comme elle peignait très bien, elle s'appliquait à représenter, sur la toile, les idées développées par M. Le Nobletz, et c'est probablement à elle que l'on doit ces célèbres tableaux restés si populaires en Bretagne.

Du Conquet, Michel se rendit à Landerneau, qu'on disait plus abîmé dans le luxe qu'aucune autre ville de Bretagne. Les tableaux y furent exposés et expliqués pour la première fois. Mais les habitants ne leur firent pas un bon accueil. Ils se moquèrent de ces représentations grossières de divers états de l'âme ; comme plus tard les bourgeois de Quimper plaisantaient les manières trop simples du prédicateur, qui voulait, disaient-ils, leur apprendre le *Pater Noster*, comme s'ils n'avaient pas appris cette prière dès leur plus tendre enfance.

Après plusieurs missions dans la Cornouaille, où ils eurent à subir des persécutions et des tracasseries de toutes sortes, l'évêque de Quimper voulut attacher le zélé prédicateur aux limites d'une paroisse ; mais ce fut inutilement : il fallait à cet homme extraordinaire, plus de liberté et des horizons plus étendus. Il continua donc ses prédications, en dépit de tous les obstacles, et fit autoriser sa sœur à expliquer elle-même les tableaux dans les églises. L'évêque approuva même ces peintures, naïves, si l'on veut, mais bien pieuses cependant, et propres à faire comprendre au pécheur le triste état de son âme. L'explication des tableaux eut un grand succès à Plouaré et à Douarnenez. Cette population de pêcheurs, toujours en danger de perdre la vie sur des barques, hélas trop légères, aimait à considérer les vices, sous les images des animaux fantastiques que leur imagination leur retraçait comme existant au fond des abîmes.

Ces tableaux sont au nombre de douze, et représentent l'état d'un homme : 1° dans le péché ; 2° songeant à se convertir ; 3° vivement touché du triste sort de son âme ; 4° faisant pénitence ; 5° purifié de ses péchés ; 6° se relâchant dans le service de Dieu ; 7° retombant dans le péché ; 8° le pécheur à l'heure de la mort ; 9° l'état malheureux d'un damné ; 10° l'état du cœur persévérant dans le bien ; 11° la mort du juste ; 12° enfin l'état d'un bienheureux dans le ciel. C'est, comme on le voit, tout un traité de théologie morale, et la suite de toutes les instructions pendant la mission. Le sermon terminé, chacun pouvait voir encore gravé sur cette image, l'enseignement qu'il venait d'entendre. Il pouvait l'étudier à son aise, y réfléchir et se le graver profondément dans le cœur. Ce n'est pas sans une émotion encore bien vive, que nous nous rappelons, après plus d'un demi-siècle, l'impression que produisit sur nous la vue de ces images fortement coloriées. Elles étaient suspendues dans l'église, aux douze colonnes de la nef, et un vieillard aux cheveux blancs les expliquait d'une voix souvent étouffée par ses larmes. Le peuple y répondait par des sanglots et chacun s'en retournait pénétré d'horreur pour ses péchés.

Le Père Quintin mourut à la fin de la mission de Plouaré, et Michel se voyant à peu près seul, par cette mort qui l'affligea profondément, fut obligé de suspendre le cours de ses prédications. Il profita de ce repos forcé, pour mettre la dernière main à ses cantiques spirituels. Parfaitement au courant des aptitudes bretonnes, il avait mis en vers, sur des airs qui se chantaient dans nos montagnes, les principales vérités de la religion, ainsi que les prières du matin et du soir, qui sont comme le résumé de la foi du chrétien. Les petits pâtres les chantaient avec une pieuse onction, perchés comme des oiseaux sur quelques vieux troncs de saules, tout en surveillant leurs paisibles troupeaux. Ces cantiques et ces chants au rythme facile, et d'une douceur un peu triste et monotone, feront bientôt le charme de nos missions bretonnes. Ils aideront puissamment au succès de ces missions ; car chez nous ce qui se chante s'apprend facilement, et se grave pour toujours dans la mémoire et le cœur.

Après quelques semaines de repos, Michel reprit avec plus d'ardeur que jamais le cours de ses travaux apostoliques, et Dieu fit plusieurs miracles pour confirmer la parole de son pieux serviteur. Notre but n'étant que de donner une légère esquisse de la vie de M. Le Nobletz, nous ne pouvons entrer dans le détail des prodiges nombreux et éclatants, consignés dans son histoire. On en fait aujourd'hui un recueil authentique, pour les offrir en hommage au Pontife infaillible, et le prier d'introduire la cause de sa béatification. Ce jour, que nous appelons de tous nos vœux, serait encore une grande fête pour la Bretagne, et un sujet de joie pour les humbles prêtres qui, comme Michel Le Nobletz, évangélisent avec tant de fruits et de zèle nos campagnes bretonnes.

C'est au Conquet que le saint prêtre termina sa carrière apostolique. Il y fut frappé d'apoplexie après avoir prédit sa mort et les circonstances qui l'accompagneraient. Déjà il avait annoncé que les Jésuites viendraient continuer son œuvre, et avant de mourir il voulut voir le Père Maunoir, que Dieu lui avait désigné comme son futur successeur. Michel avait suivi par la pensée les premiers essais évangéliques de ce jeune Père, et préparé pour lui des avis, fruits de son expérience, destinés à être lus seulement après sa mort.

Dès que le Père Maunoir fut introduit, le pauvre malade se jette à son cou, et l'embrasse en pleurant de joie. « *Maintenant*, s'écria-t-il avec le vieillard Siméon, *maintenant je puis mourir en paix, puisque mes yeux ont vu celui par qui le salut doit venir à la Bretagne tout entière.* » M. Le Nobletz lui donna ensuite ses *tableaux* et lui remit sa *clochette*, en signe d'investiture, devant la population ravie et vivement attendrie à la vue d'un pareil spectacle. Le saint missionnaire, après une agonie de trois jours, rendit sa belle âme à Dieu, le 5 mai 1652, dans la soixante-quinzième année de son âge.

Sa mort fut un deuil général, et ses funérailles furent célébrées avec une pompe extraordinaire. La petite maison où il mourut a été transformée en chapelle, sous le vocable de saint Michel son patron, auquel le peuple a ajouté celui de Nobletz, pour la distinguer des autres chapelles du même nom. Son tombeau est surmonté de sa statue en marbre blanc, dans l'attitude de la prière. La révolution qui a détruit tant de nos œuvres d'art, a respecté ce monument de l'humble prêtre qui a dépensé sa fortune et sa vie pour le soulagement et l'instruction du peuple. Aujourd'hui plus que jamais, de nombreux pèlerins se rendent chaque année, par dévotion ou reconnaissance, au tombeau du bon père ou *Tad mad*, comme on le dit au pays de Léon. Ils visitent, avec la même piété, la petite chapelle de Lochrist où il est mort. C'est à l'entrée de la magnifique rade de Brest, à l'ombre des ruines imposantes de l'ancienne abbaye de saint Mathieu, en face de cette mer immense luttant éternellement contre les rochers de l'Armorique. Il n'y a pas un site plus majestueux dans toute la Bretagne.

§ V. — Le Père Maunoir.

Michel Le Nobletz avait compris que l'œuvre des missions était la plus efficace pour réveiller la foi dans nos campagnes ; mais il ne fut point secondé. On doit cependant lui en laisser la gloire et le mérite. Les Pères Jésuites qui l'ont assisté à sa mort, ont recueilli sa succession, comme Elisée le manteau de son maître, et grâce à leur puissante organisation, ils ont accompli des prodiges, parmi nos populations naturellement bonnes et religieuses par dessus tout. Si la Cornouaille les reçut avec une réserve calculée, le pays de Tréguier les accueillit avec un grand enthousiasme. C'est là que nous nous proposons de suivre leurs travaux et de constater l'influence salutaire qu'ils ont exercée dans nos campagnes et plusieurs de nos villes.

Le Père Maunoir destiné par la Providence à continuer l'œuvre de M. Le Nobletz, comme il l'appelle lui-même, naquit en 1629, dans un bourg aux environs de Rennes. Il entra jeune encore dans la maison des Jésuites, et quelques années après, nous le trouvons comme professeur au collège de Quimper, qui venait d'être fondé. C'est là que Michel Le Nobletz le rencontra. Il pressentit en lui dès ce moment, le successeur choisi par Dieu, pour continuer les missions qu'il venait de fonder dans la Basse-Bretagne. Appelé auprès de lui au moment de sa mort, le Père Maunoir éprouva je ne sais quelle impression, en embrassant ce vieillard mourant sous le poids des ans et des travaux de l'apostolat. Il en fit part à son directeur, qui l'engagea à prier Dieu et la Sainte Vierge, pour avoir l'explication de ce quelque chose d'extraordinaire qui venait de se passer en lui. C'est dans la chapelle dédiée à cette bonne Mère, sous le nom de *Ty mam Doue*, non loin du collège, que Dieu lui montra dans l'extase de la prière, les diocèses de Quimper, de Léon, de Tréguier et de Saint-Brieuc, comme un vaste champ ouvert à son zèle. Un obstacle qui semblait insurmontable faillit le détourner de sa vocation : l'ignorance complète de la langue bretonne.

Il y avait alors à Quimper un Père plus âgé

de quelques années que le Père Maunoir, et de Rennes comme lui. On l'appelait le Père Bernard. C'était le cinquième fils de M. de Bouchers, célèbre avocat au parlement de Bretagne. On l'avait surnommé même le successeur de saint Yves, parce que, comme le saint breton, M. de Bouchers plaidait aussi et gratuitement les causes des pauvres, tout en pratiquant les plus austères vertus. Le Père Bernard travaillait, depuis plus de dix ans, au salut des âmes dans la ville de Quimper. Il exhorta son jeune confrère à se mettre comme lui à l'étude de la langue du pays. « Dieu, dit-il, qui a gratifié du don des langues les Apôtres, et plusieurs de leurs successeurs, en particulier saint Vincent Ferrier, au pays de Bretagne, fera aussi quelque chose pour vous. » Le Père se laissa persuader et obtint l'autorisation de se mettre à l'étude de la langue bretonne. Il commença son travail le jour même de la Pentecôte, et moins de deux semaines après, il faisait le catéchisme en breton, d'une manière intelligible. Un an après, il connaissait, dit-on, assez cette langue pour improviser même et prêcher à la campagne, sans autre préparation.

Le jeune Père avait déjà donné quelques missions dans les environs de Quimper, quand la nouvelle en vint aux oreilles de Michel Le Nobletz. Rien ne saurait peindre la joie du pieux vieillard : désormais il pouvait donc mourir en paix, puisqu'il voyait que l'œuvre de toute sa vie était passée en de si bonnes mains. Dans ce moment solennel où il allait rendre compte à Dieu des longues années de sa vie, il n'était occupé que de son successeur. Après lui avoir donné par écrit d'utiles avis, pour se diriger dans cette œuvre importante et difficile des missions, il lui fit don de cette pauvre petite clochette qu'il avait agitée en vain quelquefois, dans tous les chemins de la Bretagne, pour appeler le peuple à ses instructions ; de ses tableaux énigmatiques, avec les explications nécessaires pour les faire comprendre, et lui recommanda surtout le chant des cantiques, comme un moyen infaillible pour faire pénétrer les vérités de la religion dans le cœur des Bretons.

Quel imposant tableau, que ces deux saintes âmes se confondant dans le même amour, l'un faisant part de son expérience à l'autre, et soufflant sur son zèle et ses jeunes années le feu sacré dont son cœur était embrasé ! Le souvenir de cette scène touchante ne s'effaça jamais de la mémoire du jeune apôtre ; et après s'être consumé lui-même pour le salut des âmes, au moment où Dieu allait le récompenser de ses travaux, dans le pieux délire de ses derniers moments, cette douce vision se présente encore à son âme. « *Donnez*, répéta-t-il plusieurs fois, *donnez une chaise à M. Le Nobletz. Je dis que vous donniez une chaise* à *M. Le Nobletz.* » — « *Il faut vous guérir,* disait-il quelques jours auparavant à une pauvre malade, *ayez confiance en Dieu et en M. Le Nobletz !* »

Après bien des difficultés qui l'effrayèrent sans l'abattre, Julien Maunoir fut nommé supérieur des missions de la Basse-Bretagne, avec le Père Bernard pour collaborateur. Laissant de côté ses courses apostoliques au pays de Cornouaille et de Léon, nous le suivrons dans ses missions, aux paroisses des environs de Tréguier, et en particulier de Lannion qui lui fournira le plus grand nombre et les plus distingués des compagnons de son apostolat.

§ VI. — Le Clergé de Bretagne au XVIIe siècle.

Les habitants de l'île de Sein, ayant désiré avoir pour pasteur un pieux laïque nommé François Le Su, qui avait gouverné l'île et instruit les enfants depuis la mort du dernier recteur, l'évêque chargea quelques ecclésiastiques d'examiner ses aptitudes et ses capacités. On lui donna à traduire un passage de l'Evangile, *la vocation de saint Pierre*, et il le fit si bien qu'ils s'écrièrent : « Il y a bien des recteurs dans le diocèse qui ne réussiraient pas aussi bien. » Si l'on prenait trop à la lettre cette parole de compliment plutôt que de vérité, on jugerait trop défavorablement le clergé de cette région, et peut-être même de l'époque dont nous parlons. Il y avait déjà des écoles un peu partout, et elles étaient dirigées par des prêtres. Lannion en particulier en avait trois, l'une au couvent des Augustins, une autre sur la place du Miroir et la troisième dans l'église du Bally. Les recteurs de chaque paroisse faisaient la classe dans l'intervalle des travaux de leur ministère, et rédigeaient les actes de l'état civil et religieux. Ces actes se distinguaient, au XVIIe siècle, par une grande correction et une élégance remarquable. Nous y rencontrons souvent les principaux événements passés dans les environs, et c'est à un pauvre curé de la campagne que nous devons l'histoire de la Ligue au pays de Plestin. Il la rédigeait au jour le jour après chaque décès, et tournait encore assez bien une épigramme dans la mesure et la langue d'Ovide. Ce curé s'appelait Alain Lucas, et il a signé au cahier de paroisse de beaux distiques contre la cruauté des soldats de la Ligue.

Pour juger cette époque, on doit tenir compte de la distinction entre le *haut et le bas clergé*, et surtout ne pas la comparer trop rigoureusement avec les temps actuels. Les grandes écoles se trouvant à Paris et dans les villes les plus importantes du royaume, n'étaient guère accessibles qu'aux jeunes gens de famille. Seuls ils pouvaient supporter les frais des cours de la Sorbonne en particulier. Là se réunissait l'élite de la jeunesse studieuse, pour s'appliquer aux hautes études ecclésiastiques.

Après de longues années et des épreuves variées, on y recevait les grades théologiques, et les jeunes lauréats pouvaient paraître dans leur pays, avec l'auréole de toutes les sciences nécessaires au prêtre. A côté cependant, et dans un rang plus modeste, se trouvaient, comme nous l'avons dit, d'autres écoles où étudiaient à moins de frais, des jeunes gens d'une classe inférieure, parfois même d'une origine toute plébéienne. Quand ils se sentaient appelés par Dieu à l'état ecclésiastique et au sacerdoce, ils se présentaient à l'Evêque, qui interrogeait sur leurs mœurs et leur faisait subir un examen très sérieux. Les plus savants pouvaient concourir avec les docteurs en Sorbonne, pour l'obtention des plus grands bénéfices. Les autres, sans s'éloigner de leurs clochers, sans quitter même leurs familles, administraient les sacrements, célébraient l'office divin, et remplissaient, en général, toutes les fonctions du ministère paroissial. Tout se faisait cependant sous la direction et aux frais des titulaires qui leur donnaient, sur leurs bénéfices, une part convenable appelée *portion congrue*.

Le jansénisme, qui n'était qu'un reste ou plutôt une autre forme du protestantisme raisonneur, n'eut aucune prise sur cet humble et modeste clergé, plus en rapport avec les âmes, par suite moins occupé de questions spéculatives et de discussions théologiques. C'est ce clergé de second ordre, qu'on s'est plu à traiter d'ignorant, parce qu'il n'avait pas les grades en théologie et en droit canon, dont on se prévalait déjà si fortement à cette époque, et qu'il ne pouvait guère concourir pour les belles cures. Le bien que ces prêtres ont fait dans le rayon de leurs juridictions, et les paroisses peu dotées où ils vivaient pauvrement, n'a pas toujours été apprécié, parce que généralement on en a peu parlé, mais il n'est pas moins réel pour cela.

Saint Vincent de Paul voulant remédier à cet état de choses qui avait eu ses jours de prospérité, fut fort à propos suscité par Dieu, pour créer les séminaires diocésains. Ici les jeunes clercs de tous les rangs se coudoyaient, travaillaient ensemble, et s'excitaient à l'étude par une noble émulation. Si les catégories ou distinctions de castes ne disparurent pas entièrement, il y eut du moins un plus grand rapprochement, et dès lors les Abbés et les Evêques formèrent, à peu près seuls, ce qu'on appelait le haut clergé. Nous n'avons pas à juger ici tout ce que cette classe a fait jaillir de gloire sur l'Eglise. Il nous suffit d'avoir hérité de l'excellente institution de saint Vincent, et Tréguier, la ville épiscopale, eut son séminaire fondé par ce saint prêtre, à côté d'un collège déjà florissant. C'est là que sont venus puiser la science ecclésiastique, presque tous les jeunes clercs de ce pays, dont plusieurs sont devenus plus tard les compagnons du Père Maunoir.

Le reproche d'ignorance et d'autres encore que les missionnaires se sont permis quelquefois, dans l'ardeur de leur zèle, contre le clergé local et les habitants de la Basse-Bretagne, ne portent donc que sur les hautes questions des mystères de la foi, et nullement sur les connaissances pratiques qui ont toujours fait le fonds de leur conduite. Et comme dans toutes les choses, même les meilleures, il faut se garder de passer certaines limites, nous dirons une fois pour toutes que les missions, excellentes assurément, tombaient quelquefois presque à l'improviste, sur certaines paroisses qui n'avaient pas été bien préparées, et qui, par suite, les reçurent avec peu d'empressement. Des familles riches, propriétaires du pays, fournissaient les fonds et décidaient souvent des missions à donner. De là certains conflits bien faciles à expliquer, et qui se produiraient encore de nos jours.

En général, cependant, on peut dire que tous les recteurs désiraient voir ces pieux exercices se renouveler dans leurs paroisses, et jusqu'à nos jours les missions ont été bien appréciées dans notre pays. C'est pour répondre à ces vœux de son clergé, que M#gr# Martial, qui n'a fait que passer sur le siège de Saint-Brieuc, a consacré toute sa fortune, qui était considérable, à fonder les exercices de la mission, dans un grand nombre d'importantes paroisses de son diocèse.

Au XVII#e# siècle, cette idée que les missions étaient le moyen le plus efficace de régénérer la société, avait fait son chemin et gagné tous les esprits sérieux. Il y a ainsi, après chaque secousse sociale, quelques idées fécondes pour le bien qui s'imposent d'elles-mêmes. Après la restauration du commencement de ce siècle, cette même idée germa encore en France, et les missions qui se donnèrent à cette époque sont restées célèbres, malgré le caractère tant soit peu politique dont on les accusa. Nous trouvons encore, dans nos cimetières, quelques calvaires de granit qui rappellent ces deux grandes époques de l'histoire ecclésiastique en Bretagne. Il en est d'autres beaucoup plus anciens, et de plus beaux sur les carrefours de notre pays ; on ne les a pas respectés assez, et cependant ils rappellent aussi quelques dates importantes ou des faits d'intérêt local dont ils sont les seuls témoins.

L'annonce d'une mission réveille encore aujourd'hui bien des âmes endormies, et les saints exercices qui les accompagnent sont entrés dans les habitudes religieuses du pays. Ils ont rarement l'éclat des grands mouvements et de la pieuse dévotion de l'époque dont nous parlons ; mais les fruits qu'ils rapportent ne sont ni moins grands ni moins durables. Peut-être pourrait-on reprocher aux missionnaires, ignorants de nos coutumes, d'introduire des innovations peu en rapport avec la piété de nos pères ; les offices publics sont moins suivis ; quelques lois de l'Eglise plus négligées ; le repos du dimanche préféré à la sanctification de ce jour par l'assistance aux exercices religieux. Parfois, sous prétexte de suivre une religion plus éclairée, le caractère breton tendrait à disparaître avec le culte de nos saints, pour d'autres dévotions qui lui ôtent son cachet. Etait-il bien nécessaire de chercher à rendre la Bretagne semblable aux autres pays ? Ce n'est pas sans doute le but que se sont proposés nos zélés missionnaires ; mais leur ignorance de nos usages a produit trop souvent cette triste conséquence. Or, chez nous, tout est d'une pièce. Il ne faut rien ébranler dans nos fêtes, nos dévotions, nos croyances mêmes, ou bien l'édifice de notre foi s'écroulera rapidement et peut-être sans retour !

§ VII. — Le Père Maunoir et M. de Trémaria.

Vers le milieu du XVIIe siècle, il y avait à Rennes deux conseillers au parlement liés d'une étroite amitié, bien qu'ils ne fussent pas de la même région de la province de Bretagne, M. de Saluden, comte de Trémaria et M. Hingant, comte de Kerisac. Le premier était de la Cornouaille et le second de l'évêché de Tréguier. Rennes, bien que peu éloignée de leur pays, était déjà une sorte d'exil à cette époque, et parmi les nombreux bretons qui y siégeaient auprès de la Cour, ceux de la même région aimaient à se rencontrer et à parler de leurs clochers. M. Hingant était très pieux ; son ami, au contraire, imbu d'une foule de préjugés, se tenait à l'écart de la pratique religieuse. Ils avaient acheté l'un et l'autre leurs charges de Conseillers, comme on le faisait généralement alors, surtout lorsqu'on appartenait à la noblesse. Il ne faut pas oublier que la vénalité des offices était un des principes constitutifs de l'ancienne monarchie. Il pouvait y avoir des abus, comme il s'en trouve sous tous les régimes ; mais un emploi au parlement, surtout celui de conseiller, était un honneur plutôt qu'un bénéfice. Pour le trésor royal, c'était une avance dont il payait à peine l'intérêt au propriétaire ; et, pour ce dernier, c'était un honneur d'abord, puis une garantie contre les revers de la fortune ; si l'on avait tout perdu, il restait encore ses honoraires de président, d'avocat ou de conseiller, qui étaient insaisissables. Ce qui prouve que ces emplois étaient très recherchés, c'est qu'il fallait, dit Barbier, consigner jusqu'à cent mille livres, dix ans d'avance, pour avoir une charge à son tour, et y ajouter au moins huit mille livres pour la cérémonie de réception.

Nos deux conseillers ont dû bien des fois se parler de leurs châteaux et de leurs familles. L'un avait une fille en bas âge et l'autre un fils plus jeune encore. Nous ne savons pas si dans leurs entretiens intimes il y a été question de quelques projets de mariage ; mais nous pouvons bien supposer que M. de Trémaria n'a pas passé à quelques lieues de Kerduel sans venir s'y reposer quelques jours avec son ami, sous ces grands bois où les idées se dépouillent de toute cette atmosphère factice respirée dans les grandes villes. Plus d'une fois aussi sans doute, M. Hingant a dû parler à son confrère du bonheur de pratiquer la foi chrétienne et d'en observer les préceptes. Quand le comte de Kerisac se sentit malade, M. de Trémaria a dû venir le voir, l'embrasser encore. Il n'a pas reçu son dernier soupir, sans lui promettre de réfléchir sur ces grandes vérités des fins dernières de l'homme, et quand il s'est éloigné de Kerduel, après avoir fermé les yeux à cet ami de cœur, il était vivement pénétré de ce spectacle consolant dont il venait d'être témoin. Un juste qu'il avait tant aimé mourant dans la paix du seigneur, entouré de sa famille, qu'il consolait lui-même en montrant le ciel à tous, voilà ce qui frappe le cœur le plus endurci, et celui de M. de Trémaria n'était qu'égaré de sa voie.

Peu après, M. de Trémaria, qui venait de perdre sa femme, vendit sa charge de conseiller au parlement, pour rester avec sa pieuse mère, dans sa terre de Kerosan, en la paroisse de Cléden-Cap-Sizun, presque à la pointe du Raz. Il s'occupait de l'éducation de sa fille Corentine, que sa femme lui avait tant recommandée avant de mourir.

Le Père Maunoir qui, depuis plusieurs années déjà, évangélisait la Cornouaille, se trouvait à prêcher dans cette contrée. Madame de Kerosan qui, comme sainte Monique, demandait à Dieu la conversion de son fils, ne manquait aucune occasion d'aller écouter le Père, et pour le retenir plus longtemps dans le pays, elle fit donner des missions dans toutes les paroisses dépendantes de sa juridiction. Ce fut même une raison pour elle de faire descendre le pieux missionnaire dans son château, et de le mettre en rapport avec M. de Trémaria. Ce dernier, sur les instances de sa mère, avait fini par se rendre d'assez bon gré à plusieurs instructions du Père, de manière que tout était préparé pour lui réserver un bon accueil au château. D'ailleurs le bon Missionnaire avait déjà eu quelques entretiens intimes avec l'ancien conseiller, mais sans aucun résultat sérieux en apparence. Le jour de la visite du Père étant arrêté, il se trouva comme sous une influence irrésistible, et il ne put s'empêcher de faire à Dieu cette prière. « Seigneur, vous m'avez enlevé l'ami de mon cœur, le bon Père Bernard, le seul soutien de mes travaux ! M. de Trémaria serait bien propre à le remplacer ; mais je n'ose vous en faire la demande ! Cependant vous pouvez tout et vous savez quels sont mes besoins. » Il fallait, en effet, une grande foi, pour ne pas dire une grande audace, si ce n'avait pas été une pieuse intuition, pour demander à Dieu, comme apôtre, un homme encore à convertir.

M. de Trémaria sentait, de son côté, quelque chose de mystérieux se passer en lui. Son âme était toute bouleversée et son cœur qui saignait encore de la douleur causée par la mort de sa femme, cherchait un appui, un soutien que le monde ne pouvait plus lui donner. C'était la première étape de sa conversion, et les prières de sa mère furent assez puissantes pour en faire le premier pas de sa vocation ecclésiastique. Il reçut le Père Maunoir avec beaucoup de politesse, l'écouta même avec un grand intérêt et un certain plaisir, mais sans songer encore au retour à Dieu. Le Père, du reste, à qui le ciel l'avait montré, comme David au prophète, se garda bien cependant de lui communiquer encore sa prière, son vœu et ses espérances. Néanmoins il était facile de voir que le comte devenait de plus en plus docile à la grâce, et que, dans son cœur, il demandait aussi à Dieu : *Que voulez-vous que je fasse ?*

La mission de Douarnenez touchait à sa fin, et le Père Maunoir se préparait déjà à porter la parole de Dieu dans une autre paroisse. Madame de Trémaria l'avait arrêté pour Plogoff, où elle avait des domaines. C'est la pointe la plus extrême du vieux monde où la mer engloutit chaque année un grand nombre de pauvres pêcheurs, avec leurs barques, et l'unique espérance de leur famille. Si ce passage est dangereux, il offre aussi à l'œil le spectacle le plus grandiose ! C'est une mer en furie qui, pendant des siècles, s'est brisée avec un fracas épouvantable contre une digue puissante. Enfin elle a brisé cette digue et s'est précipitée avec une effrayante rapidité et une violence extrême, dans cette plaine magnifique où est aujourd'hui la bien de Douarnenez. Dans sa course effrénée, sa fureur a englouti de paisibles chaumières, de tranquilles bourgades, et surtout l'opulente ville d'Is, la triste Sodôme de la Bretagne !

M. de Trémaria suivit le Père Maunoir à Plogoff, et assista tout le carême à ses sermons. Sa pieuse mère pleurait de joie et ne cessait de prier. Enfin, son fils qui avait suivi tous les exercices avec une piété profonde, fit une confession générale de toute sa vie, et annonça au Père que non-seulement il se sentait converti, mais qu'il se croyait appelé par Dieu à renoncer au monde et à embrasser, comme lui, la carrière apostolique, afin de réparer ainsi toutes les erreurs et les désordres de sa vie. Ce qui l'étonna, ce fut de voir le Père Maunoir recevoir cette déclaration sans la moindre émotion sur les traits. « Mes vœux vont être exaucés, lui répondit le saint prêtre en l'embrassant ; oui c'était mon vœu, je l'ai fait à Dieu avant d'entrer chez vous, et j'avais l'assurance d'être écouté ! Qu'il soit béni et que sa grâce vous accompagne partout.»

M. de Trémaria, qui était d'un caractère vif et résolu, regarda son pieux dessein, ou plutôt son projet, comme l'expression de la volonté divine, et ne songea plus qu'aux moyens de l'exécuter. Sa pieuse mère avait été exaucée au-delà de son désir, et regrettait peut-être cette résolution de son fils. N'importe ! elle était encore d'âge et de santé à s'occuper de sa petite-fille, et à diriger elle-même son éducation. Dieu, d'ailleurs, avait lui-même ses vues sur cette enfant, comme nous le verrons dans la suite. Il se contenta de lui montrer le bonheur de la terre, comme une faible image de celui que le ciel lui réservait dans sa magnificence.

Pour être à même d'exécuter son vœu, le seigneur de Kerosan avait à étudier la théologie et les sciences ecclésiastiques. Bien que très instruit, et conseiller au parlement, il était d'une ignorance complète en cette manière. Il se remit donc au travail avec toute l'ardeur d'un jeune clerc ; mais il lui fallait des maîtres, sans quoi son travail, quelque opiniâtre qu'il fût, ne lui eût pas suffisamment profité. M. de Trémaria se rendit dans ce but au séminaire des Missions étrangères à Paris, qui jouissait d'une réputation bien méritée de science et de piété. Il n'y avait que quelques années qu'il était en plein exercice, et déjà un grand nombre de jeunes gens s'y étaient rendus pour se préparer aux missions lointaines. Tel avait pu être aussi tout d'abord l'intention du seigneur de Kerosan. Comme il suffisait à peine à contenir ces nombreux étudiants, un jeune breton de Lannion, M. Vincent de Meur de Kerigonan, consacra une grande partie de sa fortune à rebâtir ce séminaire destiné à abriter tant d'apôtres et de martyrs. C'étaient les futurs missionnaires des Indes et du Japon.

M. de Meur se préparait à les suivre lui-même dans ces expéditions lointaines, quand il vit arriver M. de Trémaria du fond de la Bretagne, pour y étudier aussi, avec ces futurs apôtres, les sciences nécessaires pour entrer dans le sacerdoce. On fut un peu surpris de voir ce seigneur, déjà d'un certain âge, s'asseoir sur les bancs à côté de ces jeunes gens ; mais on le fut encore davantage, quand on le vit se livrer avec succès à ces études ardues, tout en passant des heures entières dans les méditations les plus profondes sur la vie spirituelle. C'étaient ses plus chères délices, comme il le disait souvent, en répétant avec saint Augustin : « *Mon Dieu que j'ai été tard à vous connaître et tard à vous aimer !* » Pour le récompenser de son travail et de sa coopération à la grâce, Dieu lui donna la science de l'oraison, et il en fut si largement gratifié que personne ne porta plus loin que lui ce don ineffable.

A cette époque de transition entre le moyen-âge et les temps modernes, on avait déjà un peu abandonné le mysticisme qui avait tant exalté l'imagination de nos pères. On cherchait quelque chose de plus solide à la dévotion, et l'on aimait à s'arrêter aux souffrances physiques de Notre Seigneur Jésus-Christ, et à méditer sur sa passion douloureuse. On se préparait ainsi à l'adoration de son cœur qui a été le foyer de toutes ces souffrances, par un culte devenu depuis universel. Le *Sacré-Cœur* est désormais le point de ralliement de tous les vrais chrétiens, et cette dévotion, si chère aux âmes, est sortie de la solitude du cloître. Elle a reçu le baptême du sang sur les champs de bataille, en attendant qu'elle soit sanctionnée par la génération qui s'élève, lors de la Consécration de la superbe basilique de Montmartre. La France l'érige avec une foi bien vive pour l'expiation de ses fautes : *Flens Gallia posuit*.

C'est sur cette même hauteur qu'on venait d'ériger, quelques années auparavant, sept petites chapelles où étaient représentées les principales scènes de la passion du Sauveur. C'est le premier chemin de la Croix établi en France, et le peuple aimait déjà à gravir cette montagne, pour faire une prière dans chacune de ces stations et méditer sur les souffrances de Notre Seigneur. Maurice Le Gal de Kerdu, recteur de Servel, qui avait fait ce pieux pèlerinage, en allant finir ses études théologiques à Rome, voulut à son retour les reproduire sur le cimetière de son église, où elles existent encore. Pour faire apprécier et goûter de plus en plus cette dévotion, il composa un ouvrage où ces scènes sont représentées en gravures, avec des explications un peu difficiles à comprendre. Alexandre VII, à qui le pieux ecclésiastique l'avait dédié, y trouva tant de motifs de consolations au milieu de ses souffrances, qu'il en remercia chaleureusement l'auteur dans une lettre imprimée en tête de son livre.

C'est donc en méditant sur les souffrances de la Passion, que M. de Trémaria se préparait au sacerdoce, et l'on pouvait prévoir déjà que les espérances du Père Maunoir allaient se réaliser. Qui, en effet, pouvait mieux remplacer le Père Bernard que cet homme expérimenté, ancien conseiller, aujourd'hui instruit dans la science de l'Eglise, et trempé dans la plus grande piété ? Le Père Bernard était l'idole du peuple ; on le recherchait dans toutes les missions, et le Père Maunoir n'allait presque jamais sans lui. N'est-ce pas lui qui l'avait en quelque sorte décidé à entreprendre ce laborieux ministère ? Aussi resta-t-il toute sa vie le frère de son âme, comme il aimait à le répéter. Sa mort, arrivée durant la mission de Pontcroix en 1652, avait été le coup le plus terrible qu'eût encore éprouvé le zélé missionnaire. Son oraison funèbre est tout entière dans ces paroles que le peuple répétait sur le passage du cortège : *Le P. Maunoir fait des conversions, mais le P. Bernard faisait des miracles !* Comme on le voit, ce n'était pas une succession facile à prendre, et cependant le temps pressait, car le Père Maunoir, appelé de tous les côtés, ne pouvait suffire aux nombreuses paroisses qui le demandaient. La vocation de M. de Trémaria était donc providentielle, et l'on voit déjà tous les services qu'il était appelé à rendre à la Basse-Bretagne. Il en connaissait la langue et les usages, et avait en outre le prestige que donne toujours un grand nom, joint à beaucoup de savoir et à une réputation glorieuse.

Ce ne fut pas sans une grande hésitation que M. de Trémaria consentit à recevoir les ordres sacrés, et à laisser poser sur ses épaules le redoutable fardeau du sacerdoce. Le bien à faire aux âmes et plus de facilités pour répondre par la prédication à sa dévotion favorite, la Passion de Notre Seigneur, tels furent les motifs qui le déterminèrent à franchir l'obstacle imposé par sa grande humilité. Une fois prêtre, il eut l'idée de se renfermer dans un hôpital pour soigner les malades, et Rennes en particulier semblait attirer le nouveau ministre du Seigneur, parce qu'il y trouvait le moyen d'effacer, par sa pénitence et ses mortifications, le souvenir de sa vie dissipée d'autrefois. Dans ces doutes et cette anxiété, il consulta le Père Maunoir qui avait été le directeur de son âme, et l'instrument dont Dieu s'était servi pour sa conversion. Sa lettre n'a pas été conservée, mais la réponse du Père, qu'on peut voir aux archives de Kerduel, la fait assez connaître. Il examine les divers projets de M. de Trémaria, ne les approuve ni ne les condamne, et en laisse la solution au Père de la Salleneuve qu'il lui recommande de voir avant de quitter Paris. « Je me réjouis, lui dit-il avant de finir, de ce que vous vous donnez sérieusement à l'étude de l'oraison. Je désirerais que vous vinssiez dans ce pays, orné de ce don du ciel qui est nécessaire à un missionnaire, d'une façon que vous n'avez pas encore pu expérimenter. Mais ce que vous faites est une disposition à ce que Dieu désire de vous... »

A la suite de cette lettre et de ses entretiens avec le Père de la Salleneuve, M. de Trémaria revint en Bretagne, plein d'une sainte ardeur pour le salut des âmes. Le Père Maunoir trouvant en lui les sentiments qui font les grands missionnaires, attisa de son mieux ce feu sacré, et le fit entrer en fonctions dès le lendemain de son arrivée. C'était la veille de la Saint-Jean, au *Pardon de Saint-Hugeon*, chapelle de grande dévotion située près de sa paroisse natale, en 1659. Le nouveau missionnaire y confessa une grande partie de la nuit, et prêcha assez facilement dans la langue bretonne, bien qu'il ne l'eût guère parlée depuis l'âge de huit ans. Ces braves gens furent profondément touchés de voir leur ancien seigneur et maître devenir leur apôtre, et leur donner, par sa conduite, l'exemple de la piété et les leçons de la mortification chrétienne. Rien ne résiste à une telle prédication.

Cet accueil touchant fait à M. de Trémaria par les siens, indiquait assez au Père Maunoir qu'il pouvait bien le laisser seul au milieu d'eux, et aller ouvrir une autre mission au pays de Tréguier, où Mgr Grangier l'appelait avec instance depuis déjà plusieurs années.

§ VIII. — Les Missions en Bretagne.

Michel Le Nobletz, nous l'avons dit, avait conçu et commencé les missions en Bretagne ; mais comme rien n'était prêt pour cette œuvre admirable, il eut peine à réussir dans quelques rares paroisses, malgré son zèle et la sainteté de sa vie. Le clergé lui-même ne se montra pas d'abord bien convaincu de l'utilité de ces exercices extraordinaires, qui dérangeaient le train habituel de leurs paroisses. La manière souvent étrange dont s'y prenait le pieux apôtre, de son côté, souleva bien des mécontentements, et lui attira des blâmes assez sévères de la part de l'autorité ecclésiastique. Et cependant Dieu lui avait fait connaître combien les missions lui étaient agréables. Dans une vision qu'il lui fit passer devant les yeux, Michel reconnut le Père Maunoir suivi d'une légion de prêtres, pour compagnons de ses travaux. Cette vision le consola et sécha les larmes amères qu'il avait souvent versées dans son isolement, et au milieu des obstacles nombreux qu'il avait rencontrés. Avant de mourir, il voyait se réaliser l'objet de son rêve et ce qui avait été le désir de toute sa vie. Une légion de missionnaires allaient en effet quitter les habitudes paisibles de leurs presbytères, pour marcher à la conquête des âmes en Bretagne. Ils sont dirigés par celui en qui le saint vieillard avait comme infusé son esprit et son zèle, et protégés par un grand évêque, Balthazar Grangier.

Il fut le premier à faire un appel au dévouement de ses prêtres, pour venir en aide au Père Maunoir. Plus de cinquante recteurs ou vicaires répondirent à son invitation. Quelques-uns, comme l'avaient fait M. Galerne et d'autres ecclésiastiques de Cornouaille, quittèrent leurs paroisses pour s'attacher au pieux missionnaire ; les autres, sans abandonner leurs ouailles, se rendaient à l'appel de leurs chefs pour les missions qui leur étaient indiquées. Tous prêchaient et confessaient avec un zèle et un dévouement admirables. Le prélat lui-même se pliait à la tâche comme le plus simple de ses prêtres, et se mêlait familièrement au rang de ses hommes apostoliques. C'était un homme d'un grand savoir et d'une piété profonde, qui s'était défait de tous ses bénéfices, pour se consacrer entièrement au bien de son diocèse. Sa fortune était considérable et son genre de vie d'une simplicité monacale. Il put de la sorte disposer de grandes sommes d'argent pour l'œuvre des missions, et encourager ainsi ces prêtres modestes et zélés qui travaillaient sous ses yeux avec une ardeur incroyable.

On nous saura gré, peut-être, de reproduire ici un résumé du tableau vraiment remarquable que le Père Boschet a fait des missions dans la vie du Père Maunoir. C'est, à peu de chose près, ce qui s'observe encore quand ces pieux exercices se donnent dans nos paroisses. Quand les missions se faisaient aux frais de particuliers, qui voulaient en gratifier les paroisses dépendantes de leur autorité, ils invitaient eux-mêmes le Père Maunoir à s'y rendre. Quelquefois les recteurs se chargeaient de tout, et choisissaient l'heure et le moment convenables.—L'autorité ecclésiastique, pour des raisons sérieuses, appelait de temps en temps les missionnaires dans telle ou telle paroisse du diocèse et en prévenait le Père. Celui-ci écrivait aussitôt au recteur pour le prévenir du jour de son arrivée et du nombre de ses compagnons. Il fallait donc préparer des logements pour les recevoir et des provisions pour leur nourriture.

La mission commençait ordinairement un dimanche et s'ouvrait par une grande procession. Les ouvriers évangéliques arrivaient par tous les chemins, avec le bâton et le sac de voyage et un bréviaire sous le bras ; leurs paroissiens les suivaient quelquefois pour profiter de la mission, et se voyaient réduits à camper en plein air.

Tous les prêtres vivaient ensemble dans une régularité parfaite. L'Angelus sonnait de grand matin et l'on se rendait à l'église sur deux rangs, en psalmodiant le *Veni Creator ou le Miserere*. Ils disaient la messe, puis se rendaient à leurs confessionnaux, où un grand nombre de pénitents attendaient déjà. La messe de règle se disait par le Père. On y chantait les prières traduites en vers bretons sur des airs populaires ; puis l'explication de la messe mise en rimes faciles à retenir. Cet exercice était suivi d'une instruction en forme de catéchisme, comme préparation au sermon où l'on traitait d'ordinaire quelques points importants de la religion. Dans l'après-midi, on se rendait en procession à quelque chapelle de la paroisse. A défaut de chapelles, la procession se dirigeait vers un de ces calvaires que nous rencontrons encore, et qui existaient déjà sur les carrefours ou croix-chemins, comme les appelle le peuple. L'un des prédicateurs faisait ensuite un sermon, ordinairement lugubre, sur les terribles vérités de la mort et des fins dernières de l'homme. Quelquefois, dans un entretien des plus simples, le prêtre interrogeait les assistants, qui répondaient selon leur degré d'instruction, et il en prenait occasion de développer certaines vérités dont le besoin se faisait le plus sentir.

Les tableaux de M. Le Nobletz furent reproduits avec de grandes enluminures et des formes effrayantes. L'âme y était représentée sous des traits d'un réalisme saisissant, telle qu'elle se trouve dans les différentes phases de sa vie. Ils étaient en permanence, durant la mission, fixés aux colonnes de la nef de l'église, et un prêtre, une baguette à la main, décrivait longuement les vices et les vertus, sous formes d'animaux immondes ou d'oiseaux aux ailes transparentes, symboles de la grâce et de la douceur. Avec quelle attention soutenue le peuple suivait et écoutait ces explications ! On avait là, devant les yeux, le résumé de ce qui avait été longuement développé dans un des sermons de la journée, et cette vue faisait de nouveau verser des larmes de componction. Qu'on se représente ces exercices, se succédant pendant quinze jours ou trois semaines, et l'on concevra combien la paroisse devait être remuée, et les âmes profondément touchées !

A mesure que la mission avançait, les prédicateurs en venaient à des instructions plus tendres et plus consolantes, prenant pour sujets la grâce, l'eucharistie, la dévotion à la Sainte Vierge, rayons d'espérance, arc-en-ciel du salut, vers lesquels se tournaient ces pauvres âmes, bouleversées par la terreur des vérités éternelles ! La Sainte Vierge, toujours l'avocate des pécheurs, était invoquée à la fin de chaque journée, par la récitation du chapelet. Le Père Maunoir, pour le rendre encore plus facile et plus populaire, en composa un abrégé à l'usage des missions. C'est à Coz-Yeaudet, à la porte de Lannion, qu'il en fit usage pour la première fois. La communion se distribuait plusieurs fois, mais on en réservait une plus solennelle et générale, à la fin de la mission. Elle était suivie d'une dernière procession, d'une instruction de clôture et des adieux des Pères.

« Ce que l'historien du Père Maunoir rapporte de cette communion, paraîtrait incroyable, dit Mademoiselle de la Fruglaie, s'il n'était attesté par tant de témoins et confirmé par la foi et la ferveur des bretons à cette époque encore. Il y avait une indulgence plénière à gagner pour les âmes du purgatoire. Que fallait-il davantage pour mettre tout le peuple en mouvement ! Chez nous, en effet, cette dévotion est universelle. On y est non-seulement de bons amis, mais encore de bons parents. La tendresse et la reconnaissance, au lieu de finir avec la vie, s'étendent au-delà du trépas, pour aller en aide à ceux que la proximité du sang ou les liens de l'amitié ont unis ici-bas. » Cette indulgence était annoncée dans toutes les paroisses environnantes, et chacun se faisait un devoir de remplir les conditions nécessaires pour la gagner. Les prêtres passaient le jour et la nuit au confessionnal, puis le lendemain se dirigeaient vers la mission, suivis de leurs paroissiens. Chacun portait son ciboire avec un nombre suffisant d'hosties pour la communion générale. Pour se faire une idée du concours prodigieux des fidèles, il suffit de savoir qu'à la mission de Landivisiau, il fut consommé trente mille hosties ! Sept prêtres furent occupés à donner la communion de six heures du matin à trois heures de l'après-midi.

La procession venait ensuite, et l'on peut se figurer quelle en devait être la longueur. Il fallait choisir les chemins les plus sinueux de la paroisse, pour la développer convenablement. Les croix et les bannières s'entrecroisaient, et les chants de toutes sortes exécutés de distance en distance, sur ce long parcours, se confondaient et se mêlaient à l'infini. Toutes ces voix, d'hommes, de femmes, d'enfants, produisaient une harmonie bizarre, mais aussi un effet d'un grandiose merveilleux.

Au sermon d'adieux, ce n'était plus des sanglots, mais des cris déchirants, qu'on entendait dans l'auditoire soulevé par la parole émue du prédicateur ! Il fallait se séparer de ces bons Pères, qui vous avaient tenus sous le charme, pendant ces jours trop vite écoulés; quitter la contemplation du Thabor pour reprendre le combat de la plaine ; cesser cette vie toute d'émotions pieuses, pour recommencer la vie réelle, hélas, toujours triste dans cette vallée de larmes !

« En nul endroit, les missions ne réussissent comme en Bretagne. Plus on en fait, plus le peuple en est affamé. Il en est comme des autres dons de Dieu, on ne goûte jamais mieux les consolations célestes que quand on en connaît la douceur par expérience. On s'ennuie des plaisirs du monde, mais les douceurs de la vie intérieure, une fois que l'âme en a éprouvé les avant-goûts, elle ne saurait plus s'en séparer. » (*Parfait Missionnaire*).

§ IX. — Le Père Maunoir et ses Missionnaires.

Mgr Balthazar Grangier appelait depuis longtemps déjà le Père Maunoir à travailler dans son diocèse ; mais l'isolement où il se trouvait, depuis la mort du Père Bernard, l'empêchait de se rendre au désir du pieux évêque de Tréguier. Une fois le concours de M. de Trémaria assuré, les mêmes raisons n'existaient plus, et le Père fit sa première apparition au pays de saint Yves. Le succès de cette mission fut prodigieux. La cathédrale, toute grande qu'elle est, ne pouvait suffire à contenir la foule, et il fallut prêcher sur le cimetière, et se relayer pour faire entendre la parole de Dieu à cette immense multitude. L'évêque crut devoir réprimander le Père Maunoir, qui ne se ménageait pas assez et fatiguait trop ses missionnaires ; mais toutes ces remontrances furent vaines, et Monseigneur était le premier à donner l'exemple de la désobéissance. « Oui, répondit-il, quand le Père lui en fit la remarque, je reconnais qu'il y a des occasions où l'on ne peut se modérer, et où, laissant à Dieu le soin du pasteur et des ministres, il faut se donner tout entier aux besoins du troupeau. » Ces paroles suffisent à elles seules pour peindre la grande âme et le zèle admirable du saint évêque, qui fut le propagateur et le soutien des missions dans son diocèse.

De Tréguier, le Père Maunoir se rendit à Lannion. Il choisit pour centre de sa mission la chapelle de Notre-Dame de Coz-Yeaudet sur la paroisse de Ploulec'h. Mgr Grangier l'y avait précédé avec quelques prêtres, pour ouvrir et commencer les exercices préparatoires ; mais il dut quitter pour les besoins du diocèse et laisser le Père seul avec sa troupe de missionnaires, qui bientôt n'eurent pas assez de place dans *cette église célèbre par les guérisons miraculeuses qui s'y font, et pour le grand nombre de pèlerins qui y vont de tous côtés.* (*Vie du P. Maunoir*).

Cette chapelle du Yeaudet, comme on l'appelle aujourd'hui encore, s'élève sur un promontoire formé par le Léguer au nord et un autre petit ruisseau probablement sans nom, mais bien fortement encaissé dans une vallée profonde. Elle domine admirablement cette double vallée, et la ceinture de rochers qui en défendent l'entrée du côté de la mer. Quand on s'y rend de Lannion, le long de la rivière, on voit son élégant clocher, à chaque ondulation de terrain, se dessiner gracieusement sur l'azur du ciel. Là était autrefois une ancienne cité, comme l'indique le nom breton, centre probablement d'une cité gallo-romaine, capitale peut-être des Ossismiens, qu'on ne sait où placer, et qui, d'après Ptolémée, ne pouvaient être loin de la côte septentrionale de la Bretagne. Cette ville qu'on a pu appeler improprement *Lexobie*, avait une chapelle dédiée à la Sainte Vierge et un port assez sûr à l'embouchure du Léguer. Ses substructions en moyen appareil, mêlées de briques et de ciment, indiquaient un *oppidum* d'une certaine importance.

Avant l'invention de la boussole, les navires

étaient réduits à longer le littoral, sous peine de s'égarer dans l'immense Océan. Ceux de Rome, de Tyr et de Carthage pouvaient se rendre ainsi jusqu'à *Coz-Yeaudet*, et de là, par un vent d'Ouest assez fréquent sur nos rivages, passer en une seule course jusqu'à la Grande-Bretagne, pour y acheter de l'étain, métal très estimé de ces peuples. Des médailles de ces trois villes, trouvées dans les ruines de l'ancienne cité, confirment assez cette opinion soutenue d'ailleurs par des écrivains sérieux. C'est dans ces grands centres que se sont installés tout naturellement les premiers prédicateurs de la foi chrétienne. De Coz-Yeaudet, on pouvait communiquer avec toute la côte bretonne par mer, et avec l'intérieur des terres par les nombreuses voies romaines qui s'y rendaient. Si l'on admet la mission de Joseph d'Arimathie dans la Bretagne insulaire, on s'expliquera facilement aussi la présence de ses disciples *Drennalus* et autres dans notre pays, aussi bien que l'établissement à Coz-Yeaudet d'une église qui ait servi aux apôtres, évêques régionnaires de la Basse-Bretagne. Cette église était dédiée à la Vierge qui vient de donner naissance au Sauveur du monde.

Les druides, établis au pays de Dreux, à l'endroit où s'élève aujourd'hui la cathédrale de Chartres, avaient déjà érigé un autel à la Vierge future mère de Dieu ; *Virgini pariturœ*. Il n'est pas impossible que Dieu, pour récompenser la chasteté des druidesses, ces vestales bretonnes, leur ait donné de prédire le culte de la Mère du Sauveur, comme il l'avait fait pour les Sybilles antiques, en leur permettant d'annoncer ainsi l'approche de la rédemption du monde. Tout en faisant nos réserves sur le catalogue des soixante et quelques évêques, donné avec une trop grande précision par le célèbre dominicain de Morlaix, nous restons convaincu qu'il y a eu à Coz-Yeaudet plusieurs évêques avant saint Tugdual, et cela dès les premiers siècles de l'Eglise. La chapelle qu'on y voit aujourd'hui est très récente. Elle a été construite avec les débris d'une élégante église du XIVe siècle, dans laquelle s'est donnée la mission du Père Maunoir. Cette église avait remplacé elle-même une autre beaucoup plus ancienne, dont il ne reste plus de traces. La tradition supplée en cela toutes les données historiques qui nous manquent, et le pèlerinage de Coz-Yeaudet, toujours très suivi, et dont on ne trouve pas l'origine, n'est pas la moins importante des preuves de ce que nous avançons. La chapelle a ceci de particulier, et en même temps de commun avec quelques autres de notre pays, c'est que la Sainte Vierge y est représentée couchée avec l'Enfant Jésus à ses côtés. Le personnage assis au pied du lit ne peut être que saint Joseph, bien qu'il porte la coiffure juive. Il lit dans le livre des Prophètes, les destinées de cet enfant, dont la garde lui est confiée.

Le Père Maunoir fut donc bien inspiré en choisissant ce lieu de grande dévotion pour les exercices de sa mission au pays de Lannion. Ils durèrent un mois. Parmi les ouvriers apostoliques, on distinguait, outre l'évêque lui-même, M. de Trémaria qui était à sa seconde mission, M. Le Gall de Kerdu, le savant recteur de Servel, docteur de la Sapience, M. l'abbé Eno, docteur en Sorbonne, la gloire de Ploulec'h, enfin M. l'abbé de Pontcallec, encore un nouveau converti du pays de Cornouaille, en tout de trente à quarante missionnaires. La foule était tellement compacte à cause du pèlerinage, que la chapelle se trouva bientôt trop petite, et le Père Maunoir fut obligé de prêcher en plein air. Il monta sur un *dolmen* à demi renversé, qui domine toute la plate-forme et les deux versants opposés, et sa parole se faisait entendre sur les deux rives de Servel et de Ploumilliau. On évalue à plus de quinze mille le nombre des pèlerins qui se confessèrent à cette mission. C'est dire assez quel effet elle dut produire dans cette région.

Les habitants de Lannion, ne pouvant tous se rendre à Notre-Dame de Coz-Yeaudet, prièrent le Père Maunoir de passer quelques jours au milieu d'eux. Il prêcha dans l'église du Bally; mais la foule était trop considérable, et l'on dut en envoyer une partie dans la chapelle des Augustins, pour y continuer la mission. C'est même, croit-on, dans cette chapelle, que fut inaugurée une sorte d'exercice moins bruyant que ceux de la mission, mais plus pieux peut-être et donnant plus de temps à la méditation. C'est la retraite destinée plus tard à continuer et à remplacer même l'œuvre des missionnaires. C'est à cette occasion aussi que le Père Maunoir inventa un nouveau chapelet, composé du *Credo, de trois Gloria Patri et de douze Ave Maria.* Chacun voulut se le procurer, et Lannion put à peine en fournir assez aux nombreux pèlerins qui revenaient de Notre-Dame de Coz-Yeaudet.

Le recteur de Servel composa aussi pour la mission du Yeaudet un cantique breton resté célèbre et qui est encore conservé dans nos recueils : *Mor fell d'ac'h ober pinijen.* Il contient tous les conseils à suivre pour bien prier, et on le chantait partout avec une grande dévotion. C'est alors encore qu'il érigea autour de son église les sept stations dont nous avons déjà parlé, et qui représentaient une scène de la Passion pour chaque jour de la semaine, comme c'était indiqué dans son pieux ouvrage, appelé l'*Oratoire du cœur*. Les paroissiens pouvaient ainsi faire le chemin de la Croix comme à Montmartre, et le bon pasteur manquait rarement de les accompagner, en leur donnant l'explication de chacune de ces stations.

Le bruit de la mission de Coz-Yeaudet s'était répandu au loin, et avait fait connaître le Père Maunoir jusqu'à Paris. M. Vincent de Meur, dont nous avons dit un mot, missionnaire célèbre lui-même, voulut faire la connaissance de son confrère dans l'apostolat. Il donna dans cette intention une grande mission à ses frais, dans la paroisse de Tonquédec, où habitait sa famille. Elle eut lieu en 1665. M. Vincent, comme on aimait à l'appeler, à cause de sa grande ressemblance avec l'illustre saint de ce nom, M. Vincent de Meur avait alors trente-sept ans, et dirigeait avec beaucoup de zèle et de talent ce séminaire destiné à préparer des apôtres pour les Missions étrangères.

Né d'une famille distinguée, qui a donné des gouverneurs à Lannion, et des alliances aux principales familles de ce pays, M. de Meur avait passé sa jeunesse auprès de la collégiale de Tonquédec, en face des ruines imposantes du château de ce nom. Pour compléter ses études, il dut se rendre à la grande Université de Paris ; et comme il s'était décidé de bonne heure à entrer dans l'état ecclésiastique, il en prit l'habit et fut pourvu du prieuré de Saint-André de la Bellière. C'était s'attacher, sans qu'il s'en doutât, à la grande Aumônerie de France. Il fut le premier à s'enrôler sous la direction du Père Bagot, au nombre des jeunes gens qui se préparaient aux Missions étrangères. Dieu se contenta de sa bonne volonté et l'appela bientôt à un apostolat plus utile encore : il fut chargé de la direction de cette école qui est restée depuis une riche pépinière pour ces missions lointaines.

Elevé au sacerdoce, l'abbé de Saint-André, comme on le nommait alors, prit ses grades en Sorbonne et fut député à Rome pour faire approuver les statuts de sa nouvelle congrégation. A son retour, il subit, avec une rare distinction, sa thèse de doctorat. Alexandre VII qui en avait agréé l'hommage, le combla d'éloges et de félicitations. Cette thèse, qui traitait à fond la question du Jansénisme, faisait ressortir admirablement bien la doctrine de l'Eglise contre ces obstinés sectaires, et attira sur lui les regards de tous les amis de la vérité. Pour échapper à leur attention et aux honneurs que lui réservaient tant de science et de piété, M. de Meur prenait le bâton de missionnaire pour aller évangéliser les villages perdus au centre de la France. Dieu l'avait gratifié largement du don de toucher les âmes ; ce qui le faisait rechercher par les évêques et les grands de la terre. Telle était l'onction de sa parole, que tous, ecclésiastiques, militaires et soldats, pleuraient à ses sermons, avec tant de sanglots qu'il pouvait à peine se faire entendre. Tout en évangélisant ces campagnes éloignées, M. de Meur avait l'œil ouvert sur son séminaire et le dirigeait avec beaucoup de sagesse et de fermeté. Une de ses plus grandes joies, disait-il quelquefois, avait été de voir arriver du fond de la Bretagne un des amis de sa famille, M. de Trémaria. Il allait le retrouver à la mission de Tonquédec avec le P. Maunoir qu'il désirait vivement connaître. Non-seulement il faisait les frais de cette mission, mais il voulut encore y travailler comme le dernier des prêtres.

« L'arrivée de M. de Meur dans son pays natal était toujours un grand événement, dit l'historien de sa vie. Les témoins de ses vertus précoces avaient fidèlement suivi ses traces depuis son départ pour Paris, et en gardaient un religieux et tendre souvenir. On était fier du renom de science et de sainteté du fils du manoir, qui volontairement se faisait humble et petit, pour instruire les ignorants. La noblesse et le clergé des environs le revoyaient avec les mêmes sentiments de vénération et de bonheur. »

A son arrivée à Tonquédec, M. de Meur trouva le P. Maunoir et ses compagnons déjà fortement engagés dans la mission. Il s'arrêta quelque temps à contempler cet apôtre de la Bretagne, puis l'embrassa avec effusion et se mit à travailler sous sa direction, heureux de contribuer encore à tout le bien qui devait en résulter pour ses compatriotes. C'est à la fin de ces exercices, qu'après avoir été témoin de quelques guérisons regardées comme miraculeuses, mais admirant surtout les merveilles de la grâce, il s'écria : « Il faut l'avouer, il y a ici quelque chose de divin. » Le silence et l'attention d'un immense auditoire, qui s'étendait de tous côtés, beaucoup plus loin que la portée de la voix, les gémissements et les cris de cette multitude infinie, tel fut le spectacle touchant qui émut fortement son âme. « Que tout ce monde, dit-il, même les plus éloignés, entendent le prédicateur, ou ce qui serait encore plus extraordinaire, qu'ils l'écoutent comme s'ils l'entendaient ; que le prédicateur, qui ne dit rien que d'assez commun, touche ses auditeurs jusqu'aux larmes, et moi tout le premier ; qu'il nous inspire à tous un regret sincère de nos fautes, sans qu'il n'y ait presque personne qui ne les pleure amèrement. Non, l'éloquence humaine ne va pas jusque-là. C'est un miracle qui ne peut venir que de Dieu, et que Dieu ne fait, comme nous le voyons, que par l'organe du Père Maunoir. » Dieu le faisait aussi ce miracle par l'organe de M. de Meur, comme nous l'avons vu plus haut ; mais c'est le propre des saintes âmes d'être les seules à ignorer leurs mérites et leurs vertus.

Inutile de dire combien cette mission, dirigée par de tels apôtres, procura de fruits de salut aux vingt mille personnes qui l'ont suivie pendant un mois tout entier. Il eût été glorieux pour l'histoire de notre pays, de pouvoir inscrire les noms de tous ces ouvriers évangéliques, mais on n'en connaît que quelques-uns. Après M. de Trémaria, nous devons une mention spéciale à M. l'abbé Eno, qui était aussi presque de Lannion. Il naquit sur la paroisse de Ploulec'h et appartenait à une famille au moins aisée, à en juger par les soins qu'on prit de son éducation. On peut croire qu'il suivit Vincent de Meur à Paris, et se livra, comme lui, aux études sérieuses, car il ne revint au pays qu'avec le grade de docteur en Sorbonne. Il renonça aussi à toutes les dignités ecclésiastiques pour évangéliser les campagnes uniquement, et fut un des compagnons les plus assidus du Père Maunoir. Sa science, sa renommée, l'influence de sa famille, tout contribuait à lui donner une importance considérable dont il se servit pour le bien des âmes. Il consacra sa fortune à donner des missions et mourut pauvre. La vénération du peuple l'accompagna jusque dans sa tombe, en l'église de Ploulec'h, et on l'appelle encore le bon père, *an tad mad,* titre que les bretons ne donnent jamais qu'aux prêtres morts en odeur de sainteté. Sa sœur, pieuse et généreuse comme lui, distribuait aussi largement ses biens aux pauvres, ne se réservant que le strict nécessaire, et trouvait encore le moyen de contribuer à plusieurs missions importantes. Leur nom s'écrit de deux manières, Enault et Eno, et est encore porté par plusieurs familles honorables de Ploulec'h et des environs. Le portrait de ce bon prêtre, conservé dans sa paroisse natale, se transmet d'un recteur à l'autre avec le souvenir de ses héroïques vertus. Il avait pour ami intime et commensal, dans sa petite maison de Kerampont, un autre missionnaire, savant aussi et de grande famille, l'abbé de Kerméno de Plivern.

C'était un gentilhomme d'une des plus importantes maisons du Léon. Il fut confié, jeune encore, aux Religieux de Beauport, de l'ordre de Prémontré, qui lui donnèrent une éducation distinguée. Sa santé ne lui ayant pas permis de se faire religieux lui-même, comme il en avait le désir, il rentra dans le monde et fut exposé aux plus grands dangers pour son salut. La protection de la Sainte Vierge, qu'il avait servie pieusement dans son couvent, le préserva de trop grands écarts, et dans son dégoût pour cette vie mondaine où il faillit faire naufrage, il alla faire une retraite chez les Jésuites de Quimper. Il y rencontra le Père Maunoir, et après plusieurs entretiens avec ce fervent religieux, M. de Kerméno se décida à entrer dans l'état ecclésiastique. Depuis ce moment et après son ordination, sa vie fut extrêmement édifiante et charitable. Il s'attacha au Père Maunoir dès les premiers jours de ses missions, et lui resta toujours fidèle.

Après la mission de Tonquédec, l'abbé de Kerméno resta à Lannion pour soigner les pauvres et les malades dans l'hôpital de cette ville, maison étroite et presque en ruines où les Dames charitables venaient quelquefois visiter ces malheureux. M. de Plivern, qui était très riche, consacra toute sa fortune à rebâtir cet établissement, dans les vastes proportions où nous le voyons aujourd'hui. Ses bienfaits s'étendirent sur les Religieuses qu'on venait d'y appeler, et il fut nommé leur supérieur. L'Evêque de Dol, dont dépendaient Kerampont et Loguivy, lui donna les pouvoirs de vicaire général dans cette partie de son étrange diocèse. Il mourut pauvre aussi et fut enterré dans la chapelle de Sainte-Anne, où l'on voit au dessus de sa tombe un marbre blanc portant ses titres et ses armes : *fascé ondé d'or et d'azur de six pièces*. Ces mêmes armes se voient encore sur les portes et fenêtres de la communauté, aussi bien que sur les vases sacrés de la sacristie, et semblaient plutôt appartenir à la maison de Kerménou.

Un autre nom, également glorieux pour les missions de Lannion, s'est déjà trouvé plusieurs fois sous notre plume, c'est Maurice Le Gal de Kerdu, recteur de Servel. Il naquit, croit-on, en Ploumilliau, au village, ou peut-être château de Kerdu, dont il aura pris le nom, et fut probablement encore un des condisciples de M. de Meur à Paris. Il n'y prit pas cependant ses grades théologiques en Sorbonne ; c'est à la Sapience, à Rome, qu'il soutint sa thèse de docteur. Comme Michel Le Nobletz, il voulait aussi se consacrer aux missions et composa, comme lui, des tableaux pour graver plus profondément dans les cœurs l'amour de Jésus crucifié. De retour dans son pays, comblé de faveurs par le pape Alexandre VII, et enrichi de reliques importantes et précieuses, le savant ecclésiastique fut attaché à la paroisse de Servel qu'il gouverna près de trente ans. Il fut en même temps un des compagnons les plus assidus du Père Maunoir, et le suivit dans toutes ses missions au pays de Lannion. Une pieuse fille, nommée Marie Guyon, d'une des plus honorables familles de la paroisse, fut la digne confidente de ses œuvres de charité, et enseignait le catéchisme aux enfants pendant l'absence du recteur. Elle a laissé une grande réputation de sainteté dans la paroisse, et son cœur, renfermé dans un reliquaire de plomb, était, jusque dans les derniers temps, conservé contre un pilier de l'église. La modeste tombe du bon recteur se voit aussi sur le cimetière, près de la chapelle des Cinq Plaies, où on le trouvait le plus souvent en prières. C'est une pierre grossièrement sculptée, portant son nom et la représentation des plaies de Notre Seigneur, la grande dévotion de l'époque, et l'emblème de son amour pour Jésus-Christ. Il est appelé aussi le saint prêtre, *an tad mad*, et les mères viennent de loin porter leurs enfants sur ce tombeau vénéré.

§ X. — M. de Trémaria, Missionnaire.

M. de Trémaria qui venait de débuter dans le pays de Lannion par la mission de Tonquédec, ne quittera plus notre région et y restera comme l'auxiliaire le plus puissant des missions du Père Maunoir. Sous l'habit ecclésiastique, se révélait encore l'ancien conseiller par une teinte de raideur et d'autorité que tempérait, cependant, la douce expression de piété répandue sur ses traits. On était saisi de je ne sais quels sentiments de respect, quand on le voyait pour la première fois. Sa parole vibrante, énergique, persuadait instinctivement, et il était comme impossible de se soustraire à son influence. On en vit bientôt la preuve, à la mission de Bourbriac. Quand les ouvriers évangéliques arrivèrent dans cette grande paroisse, qui confine avec la Cornouaille, les habitants les reçurent assez froidement. Une cabale fut suscitée contre eux et personne ne venait les écouter. L'Evêque lui-même, malgré son autorité et le respect dû à son caractère, ne réussit pas mieux à se faire entendre; mais quand on vit paraître M. de Trémaria, qu'on sut qu'il avait été conseiller au Parlement, et avait renoncé aux honneurs et aux dignités pour se faire humble apôtre des missions, il se fit un changement complet dans l'esprit de la population. Les exercices reprirent et se continuèrent avec beaucoup d'entrain et de piété. Cette mission produisit même des fruits si durables, que dix-neuf ans après, le Père Maunoir trouva les habitants de Bourbriac dans leur première ferveur, et ne put s'empêcher d'attribuer ce succès merveilleux au prestige qu'exerçaient partout le zèle et la personne du prêtre distingué qui avait été sa première conquête.

M. de Trémaria aurait voulu passer le reste de sa vie à Rennes, pour effacer par sa pénitence le souvenir de sa dissipation d'autrefois. C'est pour cette raison, sans doute, que le P. Maunoir l'envoya presque dès le début travailler à la mission qui se donna dans cette ville. Sa présence y fit le plus grand bien et sa parole fut écoutée avec un religieux empressement. Le peuple, qui l'avait connu au Parlement, ne fut pas peu édifié de le voir maintenant, prédicateur zélé, consacrer sa vie et sa fortune à enseigner la passion de Notre Seigneur Jésus-Christ, et à faire aimer les mortifications de la Croix. Sa prédication ainsi écoutée avec respect et amour, acheva de gagner tous les cœurs, et cette mission eut un succès prodigieux. On venait même de bien loin s'édifier à ce spectacle consolant de toute une grande ville agenouillée au pied de la Croix. Le grand vicaire de Vannes, Eudo de Kerlivio, s'y était rendu avec le P. Huby, et fut tellement émerveillé du goût qu'y prenait la population, qu'il fut frappé d'une pensée dont il s'ouvrit au Père qui l'accompagnait : « Il faudrait, lui dit-il, rendre permanent le bonheur de ces braves gens, ce qui serait possible en fondant une mission perpétuelle pour les personnes du monde. » Le Père Huby approuva vivement son projet, et, à son retour à Vannes, M. de Kerlivio entreprit de le réaliser. Une maison fut achetée ; peu de personnes s'y rendirent d'abord, une douzaine au plus, mais le germe était déposé dans une idée féconde, et l'œuvre des retraites se trouva fondée. Elle devait marcher de pair avec les missions et surtout les continuer, pour en perpétuer les bienfaits.

Moins d'un an après, cette maison se trouva trop petite ; il fallut en construire une autre beaucoup plus grande, et de pieuses Dames s'offrirent d'elles-mêmes pour diriger ce précieux établissement. Cette maison eut bientôt de nombreuses succursales en Bretagne, et deux siècles plus tard une descendante de la famille de M. de Trémaria, Mlle de la Fruglaie, fondait dans une de ses propriétés, à Lannion, une maison connue sous le nom de *Couvent de la Retraite,* qui est devenue depuis la maison générale de cette congrégation. On y jouit d'une solitude parfaite, et un grand nombre de personnes viennent, tous les ans, chercher sous ces grands arbres un peu de silence et de calme pour méditer sur les vérités éternelles.

Les jeunes filles de la ville et des campagnes voisines y reçoivent de plus une éducation pieuse et distinguée. C'était le moyen le plus efficace pour perpétuer le souvenir du P. Maunoir et les bienfaits de M. de Trémaria, dans un siècle qui oublie tout, excepté les œuvres de miséricorde et de charité.

Dès son arrivée au pays de Lannion et avant de commencer la mission de Tonquédec, M. de Trémaria visita le château de Kerduel où il avait vu mourir son ami et collègue comme conseiller au Parlement, M. Hingant. Il y trouva jeune homme déjà parfait, un enfant qu'il y avait vu naguère au berceau, c'était le fils de M. Hingant, Jean-Baptiste, héritier du nom et de la fortune de son excellent père. Né le 12 octobre 1641, le jeune Hingant fut ondoyé dans la chapelle du château de Kerduel, puis baptisé quelques mois après, dans l'église paroissiale de Pleumeur-Bodou, avec une pompe et une solennité extraordinaires, comme il convenait de le faire pour le futur seigneur de la paroisse. Il eut pour parrain son aïeul paternel, Messire de Becdelièvre, et pour marraine, Madame de Leshildry, son autre aïeule. La famille de Becdelièvre, originaire de l'Evêché de Saint-Malo, était une des plus nobles et des plus distinguées de la Bretagne. Elle a donné à l'Eglise un Evêque ; au Parlement des procureurs et des présidents ; à l'armée des officiers de valeur, et de nos jours, un commandant des armées pontificales à Castelfidardo. Les Leshildry sont de Plouguiel, près de Tréguier, où l'on voit encore les ruines imposantes de leur château, et ne se sont pas moins distingués par les différents emplois qu'ils ont occupés dans les armées du roi.

Son père avait comme pressenti qu'il ne vivrait pas assez longtemps pour son éducation, et voulut avant de mourir dégager sa succession de toute espèce d'embarras. Le droit d'aînesse était déjà tempéré par une jurisprudence qui accordait le tiers de la succession aux cadets. Le Seigneur de Kerduel, qui n'était pas excessivement riche, avait dû prendre un peu sur ce tiers, pour acheter une charge de conseiller au parlement à son aîné. Voilà pourquoi M. Hingant règle sa succession, de manière à donner quatre mille livres à sa sœur de Kerduel, pour se faire religieuse ou se marier, suivant sa volonté ; et deux mille autres livres à sa sœur de l'Ile-Aval, sans prétendre, ajoute-t-il humblement, les dédommager de ce qu'elles ont pu éprouver de préjudice à cause de lui ; ce dont il les prie de le pardonner devant Dieu.

Le jeune comte Hingant de Kerisac n'avait que neuf ans quand il perdit ce bon père. Sa mère étant morte aussi quelques mois après, sa tutelle fut confiée à son aïeul, Claude Hingant, excellent chrétien lui-même et gentilhomme d'une rare distinction. Sous l'émotion bien naturelle de la mort précipitée de son fils et de sa bru, il prit courageusement et avec la même piété le soin d'instruire son petit-fils et de l'élever sous ses yeux. Il choisit probablement, selon l'usage du temps, quelque jeune clerc du pays pour compléter l'éducation de cet enfant à qui Dieu réservait un grand avenir. Peut-être que ce fut l'abbé Le Gall de Kerdu, qui est resté toujours fidèlement attaché à la famille de Kerduel. M. de Kerisac lui a légué, à sa mort, des sommes importantes pour achever l'église de Servel et bien des souvenirs de sa chapelle, ce qui prouverait qu'il y a eu entre eux plus que des relations ordinaires.

Après la mort de ce tuteur, qui eut lieu deux ans après, on lui donna pour successeur auprès du jeune seigneur, son grand oncle Laurent Hingant qui portait le nom de la Salle. Il guida son pupille jusqu'à son émancipation, qui eut lieu en 1661. M. de Kerisac avait alors vingt ans. Son éducation avait été extrêmement soignée, et *il était,* au dire du P. Maunoir, *un des plus riches et des plus aimables gentilshommes de la province.* Son instruction ne le cédait en rien à son éducation, comme nous aurons occasion de le constater plus tard, par les talents extraordinaires qui brillèrent en lui jusqu'à la fin de sa trop courte existence.

La piété et la distinction de M. de Kerisac avait vivement frappé M. de Trémaria. Il songea dès ce moment à réaliser ce qui n'avait été qu'un simple projet, un rêve peut-être, entre lui et son ancien collègue et ami, M. Hingant, dans les derniers jours de sa vie. Nul parti ne pouvait mieux convenir à sa fille Corentine, dont l'éducation venait aussi de s'achever sous la direction de sa pieuse aïeule, dans le château de Kerosan. La pensée de laisser seule dans le monde cette fille jeune encore, fut sur le point de détourner son père de son désir d'entrer dans l'état ecclésiastique ; et s'il se décida à passer outre, c'est que sa mère s'en était chargée avec une tendresse extrême. Néanmoins sa tâche était finie, et les obligations du père renaissaient avec plus d'importance que jamais. Aussi se trouva-t-il au comble du bonheur, quand M. de Kerisac s'ouvrit à lui à ce sujet, avec toute la confiance que méritait le digne ami de son père. Le mariage fut donc conclu, et jamais union ne fut si bien préparée ni mieux assortie. Les fêtes qui eurent lieu aux châteaux de Kerosan et de Kerduel, ne furent pas sans doute aussi brillantes qu'elles l'eussent été au siècle précédent, ni ce que nous les avons vues de nos jours dans cette dernière demeure. La mort avait fait depuis peu tant de vides dans ces deux familles, que l'on n'y songeait guère aux réjouissances. D'ailleurs le protestantisme, continué par le jansénisme, avait passé son souffle glacial sur la Bretagne, et il en était resté une sorte de froideur sur les relations des familles. On allait bien plus loin que la défense de l'Eglise qui nous dit, qu'il y a un temps pour tout, pour la joie comme pour la douleur : *omnia tempus habent.*

Une fois débarrassé de ce côté et rassuré sur l'avenir de sa fille, M. de Trémaria put continuer sa carrière de missionnaire, sans aucune autre préoccupation. Il se défit de sa fortune en faveur de sa fille et de son gendre, et ne se réserva qu'un usufruit suffisant pour se subvenir dans cette œuvre. Il quitta même son château de Kerosan, où sa pieuse mère venait de mourir toute consolée de ses larmes d'autrefois, et fixa son séjour auprès de ses enfants à Kerduel, pendant les rares moments où il se reposait de ses courses apostoliques. C'était pour lui la vie de famille mêlée aux exercices de la vie religieuse, et à l'hospitalité la plus franche et la plus cordiale. Nous laissons un voile discret sur ce ménage heureux. Tout y respire la fraîcheur des plus douces vertus jointes à la stricte observation des préceptes de l'Eglise, à un degré peut-être qui nous paraîtrait exagéré aujourd'hui.

M. de Trémaria voyait assez souvent à Kerduel, un homme d'une piété rare et d'un amour immense pour les pauvres. C'était Pierre de Loz, seigneur de Kergouanton. Il était veuf et n'avait qu'une fille qui venait elle-même de perdre son mari, M. de Grandbois ou Coëtmeur. Ce seigneur habitait ordinairement son château situé en Trélévern ; mais il avait un hôtel à Tréguier et y vivait une partie de l'année avec sa fille, presque dans la pauvreté, afin de pouvoir procurer plus de secours aux malheureux. Madame de Coëtmeur et lui avaient fondé dans la ville épiscopale une maison pour servir d'hôpital aux pauvres malades. Il fit venir de Dieppe des Religieuses de la Miséricorde de Jésus qui y sont encore. Cet établissement, toujours prospère, doit la plus grande partie de ses revenus à cet homme de bien. M. de Trémaria eut la pensée d'en fonder un autre semblable à Lannion, et il s'entendit pour cela avec M. Kerméno de Plivern, un de ses compatriotes et son plus fidèle compagnon dans ses travaux apostoliques. La maison bâtie et dotée, il appela pour la servir des Religieuses du même ordre. Elles vinrent de Quimper après bien des difficultés, et y sont encore, prodiguant aux malades des soins dictés par un dévouement admirable. Les Religieuses Hospitalières, comme on les appelle vulgairement, avaient neuf maisons en Bretagne au moment de la Révolution. Elles ont plié la tête sous cet orage, pour la relever quelques mois après, et sont rentrées presque dans tous leurs établissements. Vannes et Tréguier avaient même fourni des Sœurs au Canada vers la fin du xviie siècle.

Il y avait, à cette époque, à Lannion, dans la

maison occupée aujourd'hui par l'importante école de la Providence, une sorte d'hospice pour recevoir les pauvres sans asile, et les malades sans parents pour les soigner. Tout y sentait l'imperfection : les dames s'y rendaient bien, mais pas assez assidûment pour servir ces malheureux, sans pouvoir suffire à remplir cette ingrate besogne. Un autre établissement du même genre, mais plus imparfait encore, existait à Kerampont, sur un lais de mer, là où le seigneur de Lez-Breiz avait, croit-on, bâti une chapelle à sainte Anne au IXe siècle. On avait construit aux *buttes*, un certain nombre de maisons bien aérées et chauffées par le soleil de midi, pour recevoir les convalescents, et à Saint-Nicolas une sorte de léproserie pour les incurables ; mais il était à désirer que le tout fût réuni dans un seul et même local, pour la tranquillité des malades et la commodité des Religieuses.

Ceci se passait en 1664. Les pourparlers durèrent trois ans avec les Hospitalières de Quimper, et quand elles arrivèrent à Lannion, il n'y avait rien de prêt pour les recevoir. Mme de Trorozec dut leur donner pour quelque temps l'hospitalité dans sa belle propriété située à peu de distance de là, et bâtit pour leur usage, dans le parc de son château, une petite chapelle qui existe encore. Lorsque tout fut prêt et la situation bien dégagée de toute entrave, M. Alain de Kergariou, gouverneur de la ville, les mit en possession des salles et de la maison, au son des cloches de la paroisse, et M. de Goësbriant, alors propriétaire de Kergomar, leur céda tous ses droits sur l'autel de la chapelle de la Trinité. Tout cela s'était fait un peu à l'insu de l'Evêque de Dol, dont dépendait la paroisse de Loguivy, sur laquelle était bâti cet hôpital. M. de Trémaria, occupé de ses missions, chargea son gendre, M. de Kerisac, d'arranger cette affaire assez délicate au fond. Il s'y prit avec beaucoup de prudence et de zèle, il alla visiter l'évêque en tournée de confirmation, au château de Boisriou où il était descendu, et l'amena à Kerduel. Malgré toutes ses instances à ce sujet, l'évêque de Dol, un peu ébranlé cependant, passa à Lannion sans voir les Religieuses. M. de Kerisac lui écrivit une lettre si touchante, que le prélat céda et permit à ces bonnes Religieuses de prendre canoniquement possession de leur communauté et de recevoir des professes. Il nomma, pour les diriger, M. de Kerméno de Plivern, qui sera désormais leur protecteur et leur bienfaiteur insigne.

En mémoire de cet événement, d'où dépendait l'existence des Hospitalières de Lannion, M. de Trémaria fit ériger dans la chapelle de Sainte-Anne la confrérie de Jésus crucifié, et s'y inscrivit le premier avec toute sa famille de Kerduel. Mais cette chapelle, qui menaçait de s'écrouler, dut être rebâtie. Elle le fut aux frais de la même famille, de M. Enault, et surtout de M. de Kerméno de Plivern, dont les armes se voient sur la porte principale et quelques-unes des fenêtres. M. de Trémaria fut tellement heureux de voir cet édifice terminé, qu'il ajouta à son testament un codicile pour demander à y être enterré devant l'autel de *Jésus crucifié*.

Pour ôter tout prétexte aux difficultés qui pourraient subvenir dans la suite, les échevins voulurent conserver l'hospice de Kermaria, et afin qu'il pût rivaliser de bonne tenue avec l'hôpital de Kerampont, ils appelèrent pour le desservir trois religieuses de Saint-Thomas de Villeneuve, congrégation récemment fondée à Lamballe et dont la maison-mère était déjà à Paris. Il y eût ainsi à proximité l'un de l'autre, deux établissements religieux consacrés aux soins des pauvres et des malades. Cet état de choses durait encore en 1703. Il ne reste aucune trace de l'abandon de cette maison, qui était sous le vocable de saint Yves, et que le peuple appelle toujours l'hôpital. Ce fut probablement au moment où Sainte-Anne, reliée par un pont, put servir facilement aux besoins de toute la ville.

Comme tous les nouveaux convertis, M. de Trémaria trouvait la vie trop courte pour faire tout le bien qu'il avait en perspective ; et pour réparer ses années perdues, il travaillait constamment à créer quelques œuvres nouvelles dans le pays de Lannion, sa patrie d'adoption, sans perdre pour cela une seule occasion de se sanctifier par les exercices de la vie intérieure. C'est par la prédication des souffrances de l'Homme-Dieu, que le P. Maunoir et ses compagnons avaient soulevé la Bretagne. Le peuple, en effet, ne reste jamais insensible au récit de tant de cruautés, et quand Clovis transporté d'une sainte indignation s'écriait : *Que n'étais-je là avec mes Francs*, il ne faisait que traduire le sentiment général des hommes d'armes qui l'accompagnaient. Le pieux missionnaire en faisait donc le thème ordinaire de ses discours et il en parlait avec tant d'onction que l'auditoire fondait en larmes. Dans une retraite qu'il prêcha à Tréguier, dans l'intervalle de ses missions, il parla avec tant de force et de piété, que le carnaval, qui y est pourtant si mouvementé, se passa tout entier dans la prière et les exercices religieux. Plus de masques ni de mascarades ! Les enfants eux-mêmes restèrent constamment à l'église et suivirent toutes les instructions. C'est dans ces retraites qu'excellait M. de Trémaria. Son âme si pure et son cœur si plein de Dieu, s'y dilataient avec bonheur, et il savait communiquer à tous le zèle dont il était lui-même enflammé.

Guingamp, capitale du comté de Penthièvre, était la plus importante cité de l'Evêché de Tréguier. Elle avait été toute bouleversée par les guerres de la Ligue, et malgré sa dévotion à Notre-Dame de Bon-Secours, M𝓰𝓻 Grangier sentait qu'une mission lui était nécessaire. M. de Trémargat se chargea d'en faire les frais. C'était en 1673. L'évêque écrivit à M. de Trémaria de s'y rendre avec le P. Maunoir. Trente autres missionnaires les suivirent, et les exercices y durèrent cinq semaines. M. de Trémaria y prêcha avec une force inouïe, et gagna les germes de la maladie qui devait, l'année suivante, le conduire au tombeau. Mourir sur la brèche, c'est tout ce que peut envier de plus glorieux le missionnaire aussi bien que le soldat. La mission se continua par une retraite qui transforma complètement cette population, et c'est encore à M. de Trémaria que l'on devait ces résultats si consolants.

Le P. Maunoir fut effrayé de l'état d'épuisement de son zélé compagnon, et il l'obligea d'aller prendre du repos dans sa famille à Kerduel. Tout heureux de l'issue et du résultat de ses démarches auprès de l'Evêque de Dol, pour la question des Hospitalières dont on lui annonça le succès, le bon prêtre se trouva bientôt guéri ; il le croyait du moins, et il s'empressa d'aller rejoindre ses compagnons à la mission de Saint-Pol-de-Léon. Il fit tant d'efforts pour enseigner l'*oraison cordiale*, et faire pénétrer dans le cœur de ces bons habitants l'amour de Jésus crucifié, qu'il acheva d'y consumer sa santé déjà si ébranlée. Après chaque exercice, il fallait le porter dans sa chambre, et à la fin de la mission il dut prendre un repos complet. Le P. Maunoir l'obligea de retourner à Kerduel et l'y suivit bientôt lui-même. Les soins ne manquèrent pas au pieux malade, et l'on put croire que le mal était conjuré pour quelque temps du moins.

Le P. Maunoir le croyant mieux alla reprendre le cours de ses travaux, mais on le rappela quelques semaines après, et il trouva son ami tout à fait épuisé de corps, sans avoir rien perdu de son énergie et de sa confiance en Dieu. Il ne voulait pas qu'on eût même l'air de le plaindre, et au lieu de répondre au Père qui lui demandait des nouvelles de sa santé, il s'informa minutieusement des missions de Carhaix et de Landerneau où il n'avait pas pu le suivre. D'après les détails qui lui furent donnés, le fervent apôtre comprit bien que ces populations n'avaient pas été assez remuées, et il fit promettre au Père d'y retourner le plus tôt possible. En même temps il lui fit remettre une somme suffisante pour subvenir aux frais de ces deux nouvelles missions.

Cependant ses forces diminuaient de jour en jour, et pour avoir la consolation de mourir au milieu des compagnons de ses travaux, il fit donner, à ses frais et sous ses yeux, une grande mission à Pleumeur-Bodou, devenu son pays d'adoption. Les missions étaient tout à ses yeux, et il en avait conçu une si haute idée, qu'il ne comprenait pas qu'on pût être prêtre sans être missionnaire. Les exercices s'ouvrirent solennellement le 20 mai de l'année 1674, et se continuaient au milieu d'une affluence extraordinaire. M. de Trémaria, prévoyant que la mort ne lui laisserait pas le temps d'en voir la clôture, se préparait à ses derniers moments avec toute la ferveur d'un apôtre. Il refusa toute visite de la part de ses connaissances qui venaient en foule demander de ses nouvelles, et n'admit dans sa chambre que son directeur et les missionnaires, ses anciens compagnons de labeur. Dieu et la mission c'est tout ce dont on pouvait l'entretenir.

Comme son mal était à la poitrine, son intelligence n'en fut point atteinte, et il pouvait suivre le cours des exercices, comme s'il les avait lui-même dirigés. Il avait bien de la peine à dire la sainte messe ; mais il ne voulut se priver de ce bonheur que lorsqu'il lui fut impossible de se tenir debout, ce qui lui arriva seulement deux jours avant sa mort. Il demanda alors à recevoir les derniers sacrements, et par respect pour le saint viatique, il ne voulut le recevoir qu'en soutane et en surplis. C'est le P. Maunoir qui les lui administra, après avoir entendu une dernière fois la confession de toute sa vie. L'humble prêtre fit ensuite devant la sainte eucharistie amende honorable de ce qu'il appelait les désordres de sa jeunesse, et demanda pardon à l'assistance de tous les scandales qu'il avait pu donner. Après avoir, d'une voix ferme, renouvelé sa profession de foi, il remercia Dieu de l'avoir détaché des honneurs de la terre, en l'associant au ministère ecclésiastique pour le salut des âmes. Tout consolé par l'espérance de voir bientôt son Dieu et son Sauveur, M. de Trémaria répondit en bon prêtre à toutes les prières de l'extrême-onction, et entra dans une paix qui rappelait celle des bienheureux. Absorbé désormais dans la pensée de l'éternité, il n'interrompit ses prières que pour recommander son directeur à M. de Kerisac et renouveler sa demande d'être enterré dans la chapelle des Hospitalières de Lannion, devant l'autel de *Jésus crucifié*. Ses chers enfants, fondant en larmes, lui demandèrent sa dernière bénédiction. « C'est Jésus, leur dit-il, d'une voix qui allait s'éteindre, c'est Jésus crucifié que je prie de vous bénir et de vous accorder toutes les grâces que mon cœur demande pour vous. » Le saint missionnaire eut encore le bonheur de communier une seconde fois, puis le lendemain, veille de la Saint Jean-Baptiste, assisté du P. Maunoir, de M. et de Mme de Kerisac, il rendit sa belle âme à Dieu vers onze heures du soir.

A pareil jour, dix-huit ans auparavant, M. de Trémaria avait commencé le cours de ses travaux apostoliques, et depuis il ne s'était guère reposé que pour mourir. On peut même dire qu'il a travaillé jusqu'à sa dernière heure, car dit le P. Maunoir, *il a fait mission en mourant, et il est mort en faisant mission.* Cette mort causa un deuil profond dans toute la Bretagne. La noblesse et le clergé perdaient en lui une de leurs gloires ; les pauvres un père compatissant, généreux et dévoué, et les missionnaires leur principal appui. Les religieuses et les personnes pieuses du monde auxquelles il avait donné des retraites, le pleuraient comme un guide plein de zèle et de lumières. Kerduel était devenu le centre de tous les regrets et de toutes les douleurs. Celui qui venait d'y mourir, ne vivait depuis longtemps plus que pour Dieu et les pauvres pécheurs. C'est en leur prêchant ce Dieu de charité, qu'il a consommé le sacrifice de sa vie et gagné le ciel.

La chapelle du château où son corps fut exposé, ne se désemplit pas pendant deux jours, et la douleur générale se traduisait par des larmes et des sanglots. Ses funérailles se firent au milieu d'un peuple immense. La mission de Pleumeur fut interrompue un jour, mais cette touchante cérémonie ne fut pas la moins éloquente des instructions. La messe fut chantée dans l'église paroissiale, et le P. Maunoir, d'une voix entrecoupée par les larmes, fit l'éloge funèbre de son plus fidèle ami. Le cortège se mit en marche vers Lannion, accompagné de toute la population.

Comme il en avait exprimé le désir, le corps de M. de Trémaria fut déposé dans un caveau de la chapelle de Sainte-Anne, où sa fille, hélas, ne devait pas tarder à le rejoindre. Quand on a creusé une tombe pour M. l'abbé Conan, aumônier de cette maison, on a trouvé les ossements de deux corps, qui peuvent être ceux de ces chers bienfaiteurs de la chapelle. Comme eux il a aimé la communauté de Sainte-Anne, et ses restes vénérés reposeront à côté des leurs, pendant que ces saintes âmes au ciel prieront Dieu et sa sainte Mère de la protéger toujours. Il y va de l'avenir des jeunes filles du pays, qui y reçoivent une excellente éducation, et des pauvres malades auxquels on donne les soins les plus tendres et les plus dévoués, avec les secours religieux, dans ces salles où veillent nuit et jour les Religieuses de la Miséricorde de Jésus.

§ XI. — M. L'Abbé de Kerisac.

La mort de M. de Trémaria fut une perte bien douloureuse pour les missions de la Basse-Bretagne. « Elle est irréparable, s'écria le P. Maunoir dans son oraison funèbre, oui, irréparable, à moins que Dieu ne nous vienne en aide, pour combler ce vide immense, et j'ai confiance en lui. Il m'a donné M. de Trémaria pour remplacer le

P. Bernard qui nous fut si utile, au début de notre carrière, et il nous donnera encore, je l'espère, un prêtre selon son cœur, pour continuer l'œuvre de ce zélé missionnaire. Qui sera-ce ? Je n'en sais rien encore. Pourquoi ne le trouverions-nous, comme M. de Trémaria, tout auprès de nous ! » Le Père prédisait juste sans le savoir peut-être, d'une manière positive du moins, quoique Dieu semble l'avoir favorisé plus d'une fois du don de prophétie. La Providence choisit ses voies, et les hommes sont entre ses mains, comme des instruments dont elle se sert pour arriver à ses fins.

Kerduel n'éprouva pas une moins grande douleur. Le vide qu'y laissait M. de Trémaria était immense aussi, et malgré les nombreux témoignages de sympathie qu'ils recevaient de tous côtés, il était difficile à ses enfants de se consoler de la perte d'un tel père. Ils s'empressèrent du moins d'exécuter ses désirs et ses vœux. Les missions de Carhaix et de Landerneau furent reprises avec une nouvelle ferveur. Le P. Maunoir se rendit avec vingt-cinq compagnons dans la première de ces villes, située sur la crête la plus centrale de la Basse-Bretagne. C'est le pays d'Ahès, la fille maudite du roi Grallon. Elle était le point le plus important d'opérations des armées romaines, qui s'y rendaient par une foule de voies encore reconnaissables aujourd'hui. Si la première mission y avait trouvé peu d'échos, il n'en fut pas de même de celle-ci : elle produisit les fruits les plus merveilleux, comme on le voit par la fondation d'une congrégation pour les hommes, qui s'y est perpétuée pendant de longues années. Il en fut de même à Landerneau. Cette ville où régnaient le luxe et le plaisir, fut complètement transformée par la mission qui y dura un mois. Les grandes familles donnèrent l'exemple, et le peuple les suivit dans les voies de la pénitence et de la piété. Le vœu de M. de Trémaria était réalisé. « Vous n'avez pas remué assez la population de ces deux villes, disait-il au P. Maunoir, il faudra y retourner. »

M. de Kerisac s'occupa ensuite de remplir les intentions de son beau-père, en ce qui regardait les Hospitalières de Lannion, et quelques amis auxquels il avait légué une partie de sa fortune. Pour perpétuer son nom et l'unir à celui de Kerisac, il donna à Mme de Créholsy, sœur aînée de son oncle, le nom de Kerosan, sous lequel elle fut connue désormais ; et sa fille Elisabeth porta aussi le nom de Hingant de Kerosan. Elles restèrent l'une et l'autre au château de Kerduel, où la vie se ranima encore peu à peu, par le retour assez fréquent du P. Maunoir et de ses missionnaires. M. de Kerisac les voyait revenir avec bonheur et exerçait envers eux l'hospitalité la plus généreuse. C'était comme le lieu de leur repos et le cénacle de leurs prières. Les évêques de Dol et de Tréguier y étaient venus eux-mêmes à différentes reprises, et le jeune seigneur avait conservé une grande influence auprès d'eux, par sa naissance, son éducation, le charme de son caractère, et sa piété profonde. C'est dans la compagnie de ces hommes éminents, qui avaient été les compagnons de son père, qu'il trouvait un adoucissement à sa douleur. L'évêque de Tréguier, Mgr Balthazar Grangier lui témoigna une estime et une affection particulière qui influa heureusement sur le reste de sa vie.

Les portes de Kerduel n'étaient pas seulement ouvertes à ces nobles et illustres personnages. Les pauvres y avaient un accès toujours facile. Pour les héberger, M. de Kerisac fit construire une sorte de galerie, reliant son château à la chapelle de Sainte-Anne qui en dépend. Les pauvres de la contrée trouvaient là un logement, quand ils le voulaient, du pain toujours et des soins comme dans un hôpital, s'ils étaient malades. Mme de Kerisac les servait elle-même et son mari, comme saint Yves, allait les chercher pour renouveler, en quelque sorte, à Kerduel, les prodiges de Kermartin, demeure de ce grand saint, à la porte de Tréguier. On commençait à restaurer les églises dans le pays de Lannion, et de tous côtés on faisait appel à la générosité des jeunes châtelains de Kerduel. Ils donnèrent donc beaucoup, mais en réservant leurs plus grandes largesses pour les églises de Pleumeur et de Servel, qui leur rappelaient tant de souvenirs de familles. La première dut être rebâtie presque en entier, et à en juger par les parties conservées dans l'église actuelle, l'édifice fut reconstruit dans un bon style. Servel fut l'objet d'une générosité non moins grande, et son église fut restaurée presque sur le même plan. L'une et l'autre sont remplacées aujourd'hui par deux églises imitant plus ou moins le genre ogival de nos vieilles cathédrales.

Tel était l'intérieur de Kerduel ; rien n'y manquait de ce qui peut rendre un ménage heureux, aux yeux des hommes aussi bien qu'aux regards de Dieu. Un jeune seigneur, orné de toutes les vertus, appartenant à une famille profondément religieuse ; une femme qui était la bienfaisance même, jeune et distinguée par sa naissance, ses grâces et sa beauté. Si le bonheur devait se trouver ici bas, c'était bien sous ce toit hospitalier, au foyer de cette famille aux vertus patriarcales. C'est ainsi du moins que raisonnent les hommes du monde ; et ce raisonnement, les trois amis de Job eux-mêmes ne l'eussent pas désavoué. Mais Dieu à d'autres jugements et des vues différentes des nôtres. Pour épurer l'âme de ses serviteurs, et faire voir au monde tout ce qu'elles renferment d'héroïsme et de grandeur, il les touche du doigt, suivant l'expression de nos livres saints. Il foudroie ces ménages heureux, ces unions qui méritaient tous les bonheurs, et nous montre l'homme, sous un nouvel aspect, en le faisant passer par l'épreuve de l'adversité. Il en fut ainsi de M. de Kerisac. Pendant que sa jeune et vertueuse épouse se préparait à l'accompagner, dans ses visites à Lannion, elle fut frappée d'une mort subite, en passant de son cabinet de toilette dans sa chambre à coucher, sans qu'il fût possible de lui apporter aucun secours !

Il y a des scènes de douleur qui ne peuvent se rendre. Un instant a suffi pour briser cette union heureuse et riche d'espérances ! Tout autre que M. de Kerisac eût été brisé lui-même par ce coup de foudre ; mais la foi lui fit voir ce malheur sous un autre aspect, et il supporta le tout avec une résignation toute chrétienne, un héroïsme qui dénotait sa grande âme. Mgr Grangier, dès qu'il fut informé de ce malheur, s'empressa de venir consoler son ami. Déjà Mlle Elisabeth de Kerosan, frappée de la mort de sa bien-aimée cousine, quittait le monde pour se faire religieuse dans la communauté des Dames Hospitalières de Lannion, et M. de Kerisac fit part à son Evêque du dessein qu'il avait lui-même d'en faire autant, et de se consacrer à Dieu. L'exemple de son beau-père était là comme une lumière qui éclairait sa voie : vivre pour Dieu, faire du bien aux âmes et consacrer sa fortune au soulagement des malheureux, ce fut la vie de M. de Trémaria, ce sera aussi celle de son gendre.

Tréguier la ville épiscopale, venait d'être doté d'un beau Séminaire. Saint Vincent de Paul était venu lui-même, croit-on, y installer des prêtres de sa congrégation. Pour construire ce précieux établissement, Mgr Grangier fit à lui seul une grande partie des dépenses ; mais ses amis lui vinrent en aide, et un chanoine de sa cathédrale, M. Thépaut du Rumelin, donna tout le terrain nécessaire, avec sa maison où on lisait cette épigraphe : *Deum fide, spe et caritate colito :* honore Dieu par la foi, l'espérance et la charité ! Ses armes de *gueules à la croix alésée d'or adextré d'un macle de même,* se voient encore sur les portes et les fenêtres de cet établissement, aujourd'hui très importante école ecclésiastique. Richelieu ayant ordonné de démolir le fort du Carpont qui défendait l'entrée du port de Tréguier, on permit à l'Evêque d'en prendre les matériaux pour construire la chapelle et les murs d'enceinte. Ce séminaire, sous la direction des Lazaristes, devint ainsi une pépinière d'excellents prêtres, dont l'esprit vit toujours dans les débris de notre ancien diocèse.

Mgr Grangier ayant réfléchi longtemps sur les dispositions de son jeune et infortuné ami, le seigneur de Kerduel, approuva son projet de se consacrer à Dieu, et l'engagea à entrer dans son séminaire, pour faire ses études ecclésiastiques. M. de Kerisac quitta donc Kerduel, où tout ne lui rappelait désormais que des deuils, des souffrances et des larmes, et se mit à travailler avec une ardeur et une activité incroyables. Il avait alors trente-trois ans. Comme son éducation avait été distinguée, et ses humanités très brillantes, il ne lui restait qu'à apprendre la science de Dieu, la théologie et les saintes écritures. S'il étonna tout le monde par son travail parfois excessif, il n'édifia pas moins ses jeunes condisciples, par la ferveur de sa piété. Au bout de deux ans, l'Evêque le trouva assez instruit et mûr pour le sanctuaire. Il lui conféra d'abord les ordres sacrés, puis le sacerdoce au mois d'octobre 1674, et les prévisions du P. Maunoir allaient se réaliser une seconde fois : à la place de M. de Trémaria. Dieu lui montrait encore, en M. de Kerisac, un fervent missionnaire pour le seconder dans ses travaux apostoliques.

L'homme s'agite et Dieu le mène ! Le château de Kerduel allait rester dans le silence et le deuil, pendant de longues années. Les missionnaires y viendront encore, mais ce sera pour peu de temps. Cette vie de zèle et de vertus, où l'enthousiasme aura remplacé les joies de la famille, passera trop vite hélas, mais comme un brillant météore, elle laissera un doux reflet de ces aimables vertus sur le ciel bleu de nos rivages merveilleux.

Quelques mois après son ordination, l'abbé de Kerisac se joignit aux compagnons du P. Maunoir. La mission de Brest eut ses premiers débuts et il s'y employa comme simple catéchiste. Bien qu'il eût alors trente cinq ans, le nouveau missionnaire avait la figure extrêmement jeune. Ses traits étaient empreints d'une grande douceur, comme nous le voyons dans son portrait pieusement conservé à Kerduel, entre la statue de la Sainte Vierge devant laquelle il avait prié, et le portrait de Mgr Grangier, l'intime ami de sa famille. Il s'exprimait avec une grande facilité en breton et en français, et le succès qu'il obtint dans ses instructions familières fut immense. Les grands furent presque scandalisés de voir un des leurs, favorisé par la naissance et la fortune, quitter, jeune encore, les honneurs et les plaisirs du monde, pour se consacrer à Dieu et sauver les âmes, comme le plus simple des prêtres. Le peuple, au contraire, fut très édifié et ne savait que penser en voyant un gentilhomme de cette importance se faire humble et petit pour instruire les simples et les ignorants.

L'abbé de Kerisac s'adonna aux exercices des missions avec une ardeur telle, qu'il fallut plus d'une fois modérer son élan. Il connaissait très bien la langue du pays et la parlait avec beaucoup de grâces. Son éloquence était vive et entraînante, et l'attrait de sa personne la rendait encore plus persuasive. En peu de temps le jeune missionnaire put remplir les emplois les plus difficiles, et présider à tous les exercices aussi bien que les ouvriers les plus expérimentés dans la conduite des âmes. Telle était du reste l'opinion qu'en avait le P. Maunoir lui-même. Aussi, s'étant trouvé malade pendant la mission de Quimper, s'empressa-t-il d'écrire à l'abbé de Kerisac pour venir le remplacer, et les exercices continuèrent avec le même entrain. C'est là que travaillait, pour la première fois, un nouveau missionnaire d'une très grande famille aussi, et que nous avons déjà nommé, le Marquis de Pontcallec, de la paroisse de Briec, au diocèse de Quimper. Ce jeune seigneur, après la mort de sa femme, s'était, à l'exemple de M. de Kerisac, détaché du monde, pour se consacrer comme lui aux missions de la Basse-Bretagne, et il le suivit toujours désormais dans ses courses apostoliques. Ces deux prêtres choisis par Dieu et appelés par des moyens si extraordinaires, produisirent les fruits les plus merveilleux de salut partout où ils passèrent. Ils parlaient avec un talent remarquable, et cette éloquence fondée sur leur savoir et aussi le prestige de leurs personnes, pénétrait vivement tous les cœurs.

Le catéchisme familier appartenant de droit au dernier venu, l'abbé de Kerisac s'en dessaisit avec regret, pour le passer à M. de Pontcallec. Il donna donc, dès ce moment, les grandes instructions sur les vérités éternelles, et les sermons destinés à émouvoir les cœurs. Leur éloquence et la sainteté de leur vie attiraient le peuple en foule pour les entendre. L'impression qu'ils produisirent fut telle, que plusieurs, à leur exemple, quittèrent le monde pour se donner à Dieu. L'abbé de Poncallec en faisant le catéchisme aux petits enfans, donnait beaucoup à penser à ceux qui l'avaient connu dans le monde. Pouvaient-ils comprendre, ces hommes insouciants de leur salut, qu'un gentilhomme si recherché naguère dans la société, pût quitter les honneurs et les dignités, pour se faire l'humble instituteur des pauvres et des ignorants ! Tout cela, dit le P. Boschet, déroutait leurs idées et déconcertait leur orgueil.

Dès que le P. Maunoir fut revenu de son indisposition, il se chargea de deux nouvelles missions à Tréguier et à Saint-Brieuc où on l'appelait depuis longtemps ; mais il ne s'y rendit pas sans être accompagné de ces deux nouveaux prédicateurs. Leur réputation de noblesse, de sciences et de vertus les avait devancés dans ces deux villes, et tout le monde désirait les voir et les entendre. La mission de Tréguier avait mis M. de Kerisac en rapport avec la Mère Louise Gays de Jésus, religieuse extrêmement distinguée, qui venait d'y fonder une belle communauté d'Ursulines, pour l'éducation des petites filles. Il put surtout voir tous les jours son intime ami, Mgr Grangier, dont

Dieu s'était servi pour l'appeler à l'état ecclésiastique. Le pieux évêque le suivit dans tous ses travaux et fut émerveillé des succès qu'il obtenait. Tréguier garda un excellent souvenir de son passage, et quand il partit pour Saint-Brieuc, il fut salué par bien des larmes et des regrets.

La mission de Saint-Brieuc eut les mêmes résultats heureux que celle de Tréguier, grâce au zèle et au talent de nos jeunes apôtres. Il fut question plus d'une fois sans doute, pendant ces jours, de doter cette ville d'un collège de Jésuites, comme Rennes, Vannes, Nantes et Quimper. Les ressources manquaient, il est vrai ; mais M. de Kerisac promit de les suppléer. Il offrit pour cela quatre mille livres de rentes, et des prébendes pour deux professeurs. C'était une excellente œuvre, et une grande générosité proposée par le pieux seigneur de Kerduel. Denis de la Barde, le digne émule de Balthazar Grangier sur le siège de Saint-Brieuc, l'appuya de tout son pouvoir ; mais ce projet échoua, grâce à l'influence néfaste qu'exerçait alors dans cette ville un certain abbé Nouleau, théologal assez estimé par ses partisans, et tout dévoué aux doctrines jansénistes.

Lannion dut peut-être à cet échec le plus beau et le plus utile de ses établissements religieux, la communauté des Ursulines dont on admire encore les restes imposants. Il y avait déjà, dans cette ville, les couvents des Augustins, des Capucins, et le prieuré de Kermaria, avec l'importante Maison des Hospitalières. Aucun établissement n'était cependant exclusivement consacré à l'éducation des jeunes filles. M. de Kerisac songea à combler cette lacune et s'entendit avec la vénérable Mère Louise Gays de Jésus, pour fonder cette précieuse communauté.

Il y a en France plusieurs congrégations enseignantes, portant le nom d'Ursulines, sans que l'on sache au juste qui les a fondées. Le choix fait de cette jeune martyre pour protéger l'éducation de l'enfance, vient sans doute du grand nombre de jeunes filles qui l'accompagnaient quand elle fut massacrée avec elles par les Huns, près de la ville de Cologne. Sainte Angèle de Brescia établit au siècle précédent, en Italie, la première congrégation de ce nom, et ses diverses branches se sont étendues un peu partout, dans notre pays principalement, parce que sainte Ursule nous était attachée par les liens d'origine, sa patrie étant la Bretagne insulaire. C'est à la Maison de Tréguier que s'adressa M. de Kerisac, pour fonder un couvent sur ses terres à Lannion, près de l'hôtel de sa famille. Il donna, outre le terrain, des sommes importantes, pour élever la maison dans des proportions vraiment grandioses, et prit à son compte la construction de la chapelle. La Mère Louise Gays de Jésus, qui dirigeait les travaux, n'eut pas la consolation de les voir achever. Comme il n'y avait pas encore de cloître, elle demanda à être enterrée dans le cimetière des Augustins, parce qu'elle appartenait à la même famille religieuse.

La façade de la chapelle est assez remarquable ; elle est du style de la renaissance, et renferme cinq grandes niches où étaient placées les statues colossales de l'église du Bally. C'est la sainte famille, et on les croit du Puget. Elles sont en pierre blanche, largement drapées et un peu maniérées, dans le genre du Bernin. Les armes de Kerisac, de *sable à trois épées d'argent garnies d'or*, se voient à l'état fruste, au dessus de la porte d'entrée, et intactes à l'extrémité d'une poutrelle au chevet de l'édifice.

C'est là que sont venues s'instruire et se former, pendant plus d'un siècle, les jeunes filles du pays de Lannion. Elles y ont puisé cette éducation pieuse et distinguée, dont les traditions se sont toujours conservées parmi nous, malgré la tourmente révolutionnaire qui a empêché ces bonnes religieuses de continuer leur œuvre. M. de Kerisac, qui voyait dans cette fondation l'avenir du pays de Lannion, par la bonne éducation de l'enfance, trouvait que ces travaux marchaient trop lentement au gré de ses désirs. Dans l'intervalle de ses missions, il venait encourager les ouvriers et apporter les fonds nécessaires. Comment a-t-il pu, avec une santé si délicate, suffire à tant d'occupations et supporter tant de fatigues ? C'est le secret de Dieu ! Dix missions de quatre à cinq semaines, données dans l'espace de vingt mois, outre ses courses à Lannion et ailleurs pour soutenir ses œuvres, c'est plus qu'il ne faut pour écraser la santé la plus robuste. Ce qui le soutenait au milieu de ses fatigues, c'était, après Dieu, l'estime de son Evêque, qui était de plus son intime ami. Ce prélat si zélé pour les bonnes œuvres et les institutions religieuses de son diocèse, écrivait souvent à Kerduel. Une de ses lettres à l'abbé de Kerisac est précieusement conservée dans les archives de ce château : « Monsieur, lui écrivait-il, je suis bien fâché d'avoir tant tardé à vous envoyer les pouvoirs que vous m'avez demandés. Mais désirant vous les donner plus amples, que je ne les ai jamais accordés à aucun ecclésiastique, j'ai voulu recueillir sur ce papier que je vous envoie, tous ceux que j'ai jamais accordés à aucune personne, et j'ai ajouté tous ceux que j'ai cru devoir ajouter, afin que votre zèle ne fût point borné et étressi, faute de pouvoirs. S'il y en a quelqu'un que j'aie oublié que vous jugiez qui puisse vous être nécessaire, pour exercer votre zèle selon toute l'étendue que vous désirez, je vous prie de me le faire savoir afin que je puisse satisfaire en tout ce que vous désirez de moi, et je vous ferai connaître, par ma réponse, l'estime que je fais de votre piété et capacité, et que je suis en la grâce de Notre Seigneur, Monsieur, votre tout dévoué serviteur en Notre Seigneur Jésus-Christ. »

† Balthasar, *évêque.*

§ XII. — Dernières années de M. de Kerisac.

Les deux jeunes seigneurs missionnaires de Kerisac et de Pontcallec, semblaient avoir voué leur zèle et leurs talents uniquement aux campagnes. Ils avaient connu et fréquenté le grand monde autrefois, et n'y avaient trouvé que mensonges et vanités. C'est avec les paysans, ces âmes droites, qu'ils se plaisaient à converser. Ces braves gens se montraient attentifs à leurs instructions, pleuraient au récit de la passion du Sauveur, et ne demandaient qu'à être réprimandés sur leur négligence et les péchés de leur vie. Lorsque nos pieux missionnaires étaient appelés dans les villes, ils ne s'y rendaient qu'avec une extrême répugnance, et seulement pour répondre à la voix de leur directeur. Le Père Maunoir ne leur laissait guère le temps de choisir ni de se reposer. A peine une mission était-elle terminée dans une paroisse, qu'ils devaient se rendre immédiatement dans une autre. D'ailleurs il était le premier à leur donner lui-même l'exemple du travail et de la régularité. Il fallait, dit l'historien de sa vie, plus qu'une force humaine pour soutenir tant de courses et de fatigues, car on se fait difficilement une idée de tout ce qu'il déploya d'activité et d'énergie, durant le cours de tant de missions. Il semble, de plus, avoir eu le don de les communiquer à ses nombreux compagnons, particulièrement à MM. de Kerisac et de Pontcallec, les plus en vue dans les dernières années de sa vie.

Bréhat est une élégante petite île, à l'entrée de la baie de Paimpol. Elle apparaît à l'horizon de cette côte ravissante, comme une émeraude émaillée de fleurs sur l'azur grisâtre de cette mer houleuse. Sa population simple et pieuse se fait remarquer par une propreté restée proverbiale. L'Evêque de Dol, dont le diocèse émietté s'étendait comme un réseau sur toute la Bretagne, avait appelé le P. Maunoir dans cette paroisse, dès les premières années de ses missions. Il y fut accueilli avec une joie d'autant plus grande, que cette île était peu visitée, à cause de son abordage souvent dangereux. La mission y fit donc beaucoup de bien et le Père lui-même s'attacha, d'une affection particulière, à cette bonne population. Il vint la visiter encore, selon sa promesse, en l'année 1673; mais son séjour n'y fut que de quelques jours, et il y avait six ans depuis. Il était accompagné de M. de Trémaria, qui parlait souvent du bon accueil qu'il y avait reçu. C'était sans doute accomplir sa promesse, mais à demi seulement. C'est une mission que voulaient les habitants de Bréhat. Le Père les dédommagea amplement, en leur envoyant MM. de Kerisac et de Pontcallec, qu'il regardait depuis longtemps déjà comme ses meilleurs ouvriers évangéliques. Ils n'eurent besoin que de quelques jours, pour rappeler à cette population peu nombreuse les vérités prêchées dans la mission précédente, et ranimer leur première ferveur. Au bout d'une semaine leur vint l'ordre de se rendre à la Chèze.

C'est une toute petite ville, siège principal du Porhoët et demeure ordinaire des Rohan. Elle dort au murmure du Lié, toujours vif et limpide, et à l'ombre de l'abbaye de Lantenac, qui lui a valu toute son importance. Nous ne connaissons que par la tradition l'empressement de ses habitants à venir entendre les missionnaires bretons. L'abbé de Kerisac y prêcha avec toute la force et l'onction que Dieu avait attachée à sa parole, et obtint un immense succès. L'église, suffisante pour la population, se trouva trop petite dès le premier jour, tant les paroisses voisines s'étaient empressées elles-mêmes de venir aux exercices de la mission. Jusque là on n'avait guère entendu dans cette contrée que la parole froide et un peu dure des Bénédictins de l'Abbaye. L'erreur de l'époque s'était glissée dans leur enseignement, aussi bien que dans leurs écrits, et la porte du ciel était devenue si étroite à leurs yeux, que le pauvre peuple n'avait pas beaucoup l'espoir d'y passer. Qu'on juge de la joie et du bonheur de ces braves gens, quand ils entendaient les nouveaux missionnaires leur parler du royaume de Dieu, et qu'ils voyaient les portes du ciel ouvertes toutes grandes à tous les hommes de bonne volonté. Peu de jours leur suffirent aussi pour évangéliser cette bonne population, où leur souvenir s'est encore précieusement conservé.

Nos deux missionnaires, comme des voyageurs pressés d'atteindre à la fin de leurs courses, passaient sans désemparer d'une paroisse à une autre. Il ne se donnaient même plus le temps de se reposer un seul jour. De la Chèze ils se rendirent à Moncontour, charmante petite ville aussi, couronnée de murailles imposantes, et dominant un des plus beau pays de la Bretagne, avec le Mené pour horizon d'un côté, et de l'autre la mer parsemée d'îles et de rochers. L'église principale est dédiée à saint Mathurin, qui y reçoit un culte tout particulier. C'est un bel édifice du XVIe siècle, avec les vitraux les mieux conservés de l'époque. C'est là que se donna la mission. L'abbé de Kerisac pouvait suivre dans une de ces verrières brillante de fraîcheur, la vie toute entière de saint Yves, son illustre compatriote, et s'inspirer de cette vue pour prêcher la pénitence et la mortification.

De Moncontour, les deux infatigables apôtres descendirent à Lamballe, cette fière capitale des ducs de Penthièvre. C'est une ville remarquable, comme Moncontour, par les nombreux sièges qu'elle a soutenus et glorieusement repoussés au siècle précédent. On y voit plusieurs communautés religieuses avec la superbe église de Notre-Dame qui domine toute la ville et la pittoresque vallée du Gouessant. Il est probable que la mission se donna dans cette église, suivant l'habitude des Pères qui choisissaient de préférence celles qui étaient dédiées à la Sainte Vierge. Les exercices y furent suivis avec un entraînement remarquable, et pour en perpétuer les fruits, l'abbé de Kerisac y établit deux congrégations, l'une pour les hommes et l'autre pour les jeunes personnes. Cette dernière devint comme le noyau des hospitalières, si connues depuis sous le nom de Saint-Thomas de Villeneuve. Les jeunes congréganistes s'étant consacrées par piété aux soins des malades, se cotisèrent pour fonder un hôpital, et reçurent plus tard une règle et une organisation, qui en a fait depuis un des établissements les plus parfaits de ce genre.

Le P. Maunoir rejoignit peu après ses compagnons; mais pour passer avec eux à Locminé d'abord, puis à Lesnéven, pour revenir à la grande mission de Pontrieux. Cette ville, protégée par son château, n'était qu'une trève partagée par le Trieux entre les paroisses de Ploézal et de Quemper. Elle avait cependant son autonomie, et les cérémonies du culte se faisaient alternativement dans ses deux chapelles de Notre-Dame et de Saint=Yves. La famille de Kerisac possédait, dans les environs, quelques terres importantes, avec haute justice s'exerçant à Pontrieux même. Ce fut la raison sans doute qui décida le pieux seigneur à y donner une mission à ses frais. Les résultats furent des plus consolants et dépassèrent toute attente. On y érigea, comme à Lamballe, une congrégation de la Sainte Vierge dans la chapelle de Notre-Dame des Fontaines. La dévotion à la Mère de Dieu s'est conservée dans cette pieuse ville, et sa fête y est célébrée tous les ans, avec une pompe et un éclat extraordinaires.

L'abbé de Kerisac prêcha encore dans cette mission avec plus de force que jamais, et y gagna la maladie qui devait l'emporter quelques jours après. C'est même pendant le sermon d'ouverture qu'il se sentit atteint. Il continua néanmoins avec la même ardeur, mais au sortir de l'église il dut se mettre au lit, et une fluxion de poitrine se déclara avec une violence telle, qu'on ne conserva guère l'espoir de le sauver. Grâce cependant à sa piété et aux prières des personnes qui l'entouraient, il y eut une légère amélioration dans son état, et l'on se dit qu'il reviendrait à la santé ; que Dieu ne permettrait pas qu'on fût sitôt privé de la présence de ce saint prêtre. Ce n'était pas l'avis du P. Maunoir. Dès le premier jour, il disait à l'abbé Le Gall de Kerdu : *M. de Kerisac est perdu.* Le malade, lui-même, comme par un pressentiment de sa fin prochaine, fit son testament. Il désira cependant y ajouter un codicille, mais il était si faible, qu'il fut obligé de prier deux de ses compagnons, MM. Chevrel et Le Gall, d'en faire la rédaction, à la date du 6 décembre 1678. Le tout fut ratifié quelques jours après par un notaire. « Ce dernier acte de sa vie porte, dit Mlle de la Fruglaie, l'empreinte de son caractère : piété tendre, charité généreuse et étendue ; zèle des âmes, délicatesse extrême dans les matières d'intérêt, sollicitude pleine de bonté pour ses parents pauvres, comme pour ses vassaux et ses domestiques. » — Malgré tous les soins et les prières adressées au ciel pour le cher malade, il semblait à chaque instant sur le point de s'éteindre. Sa résignation était admirable et ne contribua pas peu au succès de la mission. Enfin, le 14e jour de janvier, qui était le second dimanche après l'Epiphanie, et la fête du saint Nom de Jésus, M. l'abbé de Kerisac, seigneur de Kerduel, rendit sa belle âme à Dieu à l'âge de trente-sept ans. Il mourut comme M. de Trémaria, son beau-père, en travaillant à une mission dont il supportait aussi tous les frais. En peu d'années il avait comblé la mesure de ses mérites, et rempli la Bretagne tout entière du bruit de son zèle et de ses talents, non moins que du parfum de ses vertus.

M. de Kerisac fut encore plus regretté que M. de Trémaria. Il y avait en lui quelque chose de plus doux et de plus aimable, et il était si jeune encore ! Le pays de Lannion, qui était si fier de le posséder, pouvait espérer de son zèle et de sa charité bien des œuvres qui lui manquaient et dont la parole de ce saint prêtre lui faisait plus que jamais connaître le besoin. Tout cela semble se lire sur ses traits, d'une douceur extrême, que nous a conservés son portrait à Kerduel. Il y a entre ces traits et ceux de Mgr Grangier, placé à côté de lui, une différence frappante et cependant leurs âmes étaient si semblables ! Est-ce une particularité du caractère breton ou un signe caractéristique de cette race, de se laisser voir à travers les lignes de la figure, avec une merveilleuse limpidité ? On le dirait, puisque dans notre grand saint Yves, la beauté de son âme se reflétait sur son visage, au point d'en être séduit, ne l'eût-on vu qu'une fois !

Le P. Maunoir fut atterré par cette mort, non seulement il perdait un ami intime et le meilleur de ses compagnons, mais il voyait tarie, dans sa personne, la plus grande ressource pour les missions de la Basse-Bretagne. L'évêque de Tréguier fut encore plus affecté de cette mort. Il en eut tellement de chagrin, qu'il ne lui survécut lui-même que de quelques jours !

Le corps du pieux missionnaire fut transporté

à Lannion, pour être enterré dans la chapelle des Ursulines, selon le désir qu'il en avait exprimé. On le déposa au bas de la première marche de l'autel, là où le prêtre récite le *confiteor,* au commencement de la messe. Ainsi reposèrent, dans notre ville, les restes vénérés de ces deux apôtres, plus unis encore par le zèle et la piété, que par les liens de famille, *les deux plus honnêtes hommes,* dit le P. Maunoir, *et les plus hommes de bien qu'ait eus la Bretagne.* Leurs cœurs furent déposés à part avec celui de Mme de Kerisac, et rien ne troubla le silence de ce mausolée, jusqu'aux tristes jours de la révolution. Lors de la spoliation de cette chapelle, Mme de Loz, la dernière héritière du nom de Kerisac, fit enlever le reliquaire qui renfermait ces cœurs, pour les soustraire à la profanation, et les déposa derrière l'autel dans la chapelle de Kerduel. Quelques années plus tard, en 1806, quand la même chapelle fut convertie en magasin de fourrages, elle obtint encore l'autorisation d'exhumer leurs corps, et quelques autres membres de sa famille, et les transporta avec leurs pierres tombales à Kerduel aussi, mais dans la chapelle de Saint-Antoine, située au milieu du bois. C'est là que sont venus les rejoindre les différents membres de la famille de la Fruglaie, unie à celle des Nompère de Champagny, qui possèdent aussi le château et les biens des Kerisac. Avec les restes vénérés de ces hommes de bien, se sont conservés, à Kerduel, les souvenirs de leurs vertus et le prestige de leur ardente charité. On est comme saisi de je ne sais quelle respectueuse émotion, toutes les fois que l'on approche de cette demeure. Il nous semble y voir planer encore les ombres vénérées des saints et illustres personnages qui l'ont souvent visitée, avec le P. Maunoir et le grand évêque de Tréguier, Mgr Balthazar Grangier.

On conserve à Kerduel le calice de M. de Kerisac, la bourse de soie blanche qui lui servait à porter le saint viatique, et la madone en bois doré de sa chapelle. Cette statue occupe la place principale dans le salon d'honneur, et c'est devant elle que les enfants du château ont toujours appris et récité leurs premières prières. Une lettre de sa main, conservée aussi dans les archives, porte un cachet en cire jaune avec l'emblême qu'il avait choisi ! *une couronne d'épines avec un enlacement des noms de Jésus et de Marie, surmonté de trois clous.* Les trois grandes œuvres pour lesquelles avait le plus travaillé M. de Kerisac sont : les Hospitalières de Lannion, les Ursulines de cette ville et le Séminaire de Tréguier, où il avait fait ses études théologiques. Ces trois établissements eurent aussi le plus de part à ses largesses. Ses différents legs montaient à des sommes importantes, sans compter ce qu'il avait déjà donné à plusieurs églises pour prières et services religieux.

Il fonda aussi plusieurs missions, une entre autre dans la paroisse de Plouisy, où est située la terre dont il portait le nom. Presque tous les objets de sa chapelle furent donnés aux Ursulines, aux Capucins et à l'église du Bally. Cette dernière conserve précieusement deux reliquaires en bois doré avec leurs reliques, seuls restes de sa pieuse largesse. « Nous, dit Mlle de la Fruglaie, nous possédons les biens dont il jouissait, Kerduel, Kerisac, Keralsy, etc. Plaise à Dieu de nous rendre aussi participants de cet esprit de foi et de charité qui remplissait son âme, et dont les traces se sont conservées dans la famille de Kerisac, jusqu'à son extinction, le 7 janvier 1828, en la personne de dame Marie-Louise-Adélaïde Hingant de Kerisac, comtesse de Loz. »

§ XIII. — Dernières années du Père Maunoir.

Avec M. de Kerisac, les missions, tout en continuant leurs cours, perdirent beaucoup de leur éclat. Il y eut même un moment de ralentissement dans ces exercices, dont il était en grande partie l'âme et la vie. L'abbé de Pontcallec ne put de son côté résister à tant de courses et de fatigues, et renonça aux missions devenues trop pénibles pour son âge. Il fut nommé recteur, dans une paroisse au pays de Quimper, et ne quitta plus son église que pour aller donner quelques retraites dans le voisinage. M. Le Gall de Kerdu se retira aussi dans son presbytère de Servel, et ne visita plus que rarement le château de Kerduel, où les héritiers étaient occupés à se partager la succession de son ancien seigneur. L'abbé Enault se fixa, avec son ami de Kerméno de Plivern, dans une sorte d'ermitage à la porte de Lannion. Il vécut encore une dizaine d'années, en continuant de prêcher dans les environs et de répandre partout les dons de son immense charité. Mgr Grangier était à son lit de mort, et le P. Maunoir, resté à peu près seul, ressentit vivement le contre-coup de ces pertes douloureuses. Les missions continuèrent donc, mais sans l'éclat et l'enthousiasme des premiers jours.

C'est à Crozon que le Père apprit la mort de l'évêque de Tréguier. Tout résigné qu'il fût à la volonté divine, qui avait été la directrice de sa conduite, depuis le commencement de ses travaux apostoliques, il ne put cependant résister à la douleur. Il versa donc des larmes d'ami sur cet illustre pontife, *protecteur de ses missions et parfait zélateur des âmes.*

Mgr Balthazar Grangier peut être regardé comme un des évêques les plus remarquables qui aient occupé le siège de Tréguier. Il succédait à Noël des Landes, l'ami de saint François de Sales et le fondateur de la Confrérie du Rosaire dans son diocèse, et fut lui-même l'intime d'un autre grand Saint, Vincent de Paul. D'accord avec cet apôtre de la charité, Mgr Grangier fit venir des Lazaristes, et leur confia la direction de son séminaire. Il était né d'une des plus riches familles du royaume, et cependant la plus grande pauvreté régnait dans ses ameublements, sa table et ses habits. Il ne paraissait riche que lorsqu'il s'agissait de dépenser, pour le service de Dieu et le soulagement des pauvres. Ses liaisons avec le P. Huby et le P. Martin étaient particulièrement intimes, aussi bien qu'avec le P. Maunoir, parce que ces excellents hommes lui fournissaient de bons prêtres et des missionnaires zélés pour l'aider à soutenir le fardeau de l'épiscopat.

Pour donner lui-même l'exemple à son clergé, et travailler à sa propre sanctification, cet humble prélat quittait tous les ans son palais, pour aller avec ses domestiques à Vannes, faire une retraite sous la direction du P. Huby. Il était d'un caractère extrêmement doux, mais il savait au besoin montrer une grande énergie, pour le gouvernement de son diocèse et de sa ville épiscopale. C'est ainsi qu'il parvint à apaiser une révolte à Tréguier, rien qu'en paraissant au milieu de l'émeute, sans craindre les menaces, les injures et même les coups de cette population soulevée aveuglément, on ne sait pour quel motif. Les coupables furent condamnés, et c'est l'évêque cependant qui se rendit auprès des magistrats pour les défendre et obtenir leur grâce. Cette énergie, il en fit preuve surtout, toutes les fois qu'il s'agissait de défendre les droits de l'autorité épiscopale. Les Dominicains de Morlaix ayant usurpé quelques-uns de ces droits, il les poursuivit jusqu'à ce qu'ils eussent consenti à rentrer dans l'ordre et la soumission. Le diocèse lui doit, outre son séminaire, la fondation d'un grand nombre de communautés religieuses, à peu près les seules que nous y voyions encore. Après avoir ainsi bien dirigé et édifié son diocèse pendant trente-trois ans, il mourut saintement, et fut enterré sous la lampe, dans le chœur de sa cathédrale. « On voyait encore, au commencement de ce siècle, dit M. Tresvaux, une belle table de marbre qui couvrait sa tombe, et sur laquelle était gravée l'épitaphe du vénérable prélat. La révolution avait respecté ce monument et n'en avait effacé que les armoiries ; mais depuis on n'a pas eu honte de vendre ce marbre, ainsi que les pierres tombales des successeurs de Mgr Grangier, et aujourd'hui elles servent à des usages profanes. C'est ainsi que par l'incurie de quelques hommes, l'église de Tréguier a été dépouillée de ses ornements les plus précieux, qui attestaient son ancienne gloire ! »

Le P. Maunoir, après avoir consacré quelques jours au deuil de son illustre ami, se dirigea, l'âme attristée et le corps broyé de fatigues, vers le presbytère d'un autre ami, M. de Coëtlogon, recteur de Crozon. C'est là, en présence de cette mer tantôt calme et tranquille, tantôt houleuse et terrible, qu'il réfléchit sur les missions qui allaient finir, et les moyens de les remplacer, de manière à en perpétuer les bienfaits dans le peuple. Les retraites établies à Vannes se présentèrent à son esprit, et il ne trouva rien de plus efficace. La retraite c'est le calme après la tempête, c'est la mer redevenue transparente et limpide, après l'orage qui en avait soulevé les flots ! Dans la retraite, on peut suivre les instructions avec plus de recueillement et de fruit : on s'exerce plus facilement surtout à la méditation et à la prière. C'est donc sous cette forme que les retraites ont remplacé les missions. On en fit le premier essai, à Lannion, c'est le pays qui les réclame le plus souvent de nos jours, pour en retirer d'excellents fruits de conversion et de persévérance.

Après le carême de Crozon, le P. Maunoir crut qu'il était à peu près guéri, et assez fort pour commencer une nouvelle mission. Il se rendit donc avec quelques-uns de ses compagnons, dans la paroisse d'Yvias, au diocèse de Saint-Brieuc. On ne sait si la mission se donna dans l'église paroissiale ou la chapelle de Notre-Dame de Kerfot qui en dépendait, et avait une plus grande importance à cause de son voisinage de Paimpol.

Peut-être, comme cela se pratique encore de nos jours, les exercices eurent-ils lieu alternativement dans ces deux églises. Celle d'Yvias s'élève sur le point le plus culminant du comté de Goëllo, et avait été visitée trois siècles auparavant par saint Yves. Cette paroisse, la plus dévote à ce grand saint, dut s'ébranler aussi à la voix du P. Maunoir, et la chapelle du Calvaire put être érigée comme souvenir de cette importante mission. C'est à l'ombre des grands ifs de son cimetière, que fut créée, après la révolution, la première école presbytérale de notre pays. Là sont venues se former et s'instruire bien des vocations forcément tardives, pour donner d'excellents prêtres au diocèse renouvelé de Saint-Brieuc.

La mission d'Yvias ou de Kerfot se continua dans la ville de Paimpol. Ce n'était à cette époque qu'une trève de Plounez ; mais sa dévotion à la Sainte Vierge la rendait chère au Père Maunoir. Tout ce pays, simple remarque en passant, est très dévot à Marie, comme nous le voyons par le grand nombre de chapelles qui lui sont dédiées. N'est-elle pas l'étoile du salut pour ces pauvres marins exposés chaque jour à périr au milieu des flots ! Après Notre-Dame de Kerfot, c'est Notre-Dame de Keranroux, en Bréhat ; Notre-Dame du Gavel, en Plouézec ; Notre-Dame de Beauport, en Kérity ; Notre-Dame de Bon-Secours, en Plounez ; Notre-Dame de Kermaria, en Plourivo, et Notre-Dame de Bonne-Nouvelle, à Paimpol. De plus il existe dans la paroisse de Ploubazlanec une statue de la Sainte Vierge très ancienne, sur un socle monolithe dominant la mer. C'est la première fois que nous voyons la Vierge ainsi représentée en plein air, au milieu d'une lande. Tous les marins la saluent et la prient avant de s'aventurer dans le passage si dangereux de Bréhat. On peut croire, après cela, que la mission du P. Maunoir eut aussi un grand retentissement dans cette bonne petite ville, et un parfait succès auprès de ces hommes de foi, qui exposent toute l'année leur vie pour procurer le pain quotidien à leurs enfants, et faire honorer sur toutes les mers le drapeau de la patrie.

On ne sait pas au juste combien de temps le Père demeura à Paimpol. On croit même qu'il profita de son séjour dans cette ville pour visiter une dernière fois l'île de Bréhat, qui avait été si docile à la voix de M. de Kerisac. Il lui tardait de revoir Bourbriac, où M. de Trémaria avait obtenu les plus beaux succès, dix-neuf ans auparavant. Il s'y rendit donc avec ses compagnons, et y travailla avec tant de zèle qu'il en fut sérieusement malade. Il eut dès lors un vague pressentiment de sa fin prochaine, et comme Dieu lui avait fait connaître qu'il mourrait sur la terre de saint Corentin, il s'empressa de s'y rendre. Il passa par le Quillio et Uzel, où il rencontra quelques-uns de ses anciens compagnons, entre autres M. Priat, qui avait tant travaillé aux missions de ce pays. Il voulut revoir encore l'abbé Picot, un de ses plus zélés collaborateurs, et dont les prétendus trésors avaient excité une terrible émeute dans le pays de Cornouaille. Tout y était calme maintenant et l'on accourait de partout voir une dernière fois le saint missionnaire.

Tout affaibli qu'il était, le P. Maunoir eut le courage de marcher jusqu'à Plévin, dont l'église est dédiée aussi à la Sainte Vierge. C'est aux pieds de Marie, que Dieu l'avait appelé pour ses missions en Bretagne, c'est encore auprès d'une de ses églises qu'il devait finir une vie toute apostolique, dont Dieu a tiré tant de fruits pour le salut des âmes. M. Conan, le digne recteur de cette paroisse, était un de ses meilleurs amis, comme il avait été un de ses plus infatigables compagnons. Il reçut son vieux maître, comme il l'appelait, avec joie et respect, et lui prodigua tous les soins réclamés par son état. M. de Kerlouët, gouverneur de Carhaix, qui avait son château à quelques pas de là, vint le prier de permettre qu'on le transportât chez lui ; mais son humilité ne lui permit pas d'accepter cette offre gracieuse. De Quimper on lui envoya un médecin qui ne put que constater sa maladie, sans pouvoir le soulager. Un Père du collège vint aussi pour recevoir sa confession et lui administrer les derniers sacrements. « Sa ferveur et sa joie augmentaient à mesure qu'il approchait du terme ; ce n'étaient plus qu'élancements d'amour et saintes aspirations, jusqu'à ce qu'il ne perdît la parole. Un quart d'heure après, il rendit l'esprit, le 28 janvier 1683, à l'âge de soixante-dix-sept ans. Il en avait passé cinquante-huit dans la compagnie de Jésus, dont quarante-deux aux missions de la Basse-Bretagne. » (*Vies des Saints de Bretagne*).

Ainsi finit, dans la paix du ciel, le plus grand missionnaire de son temps. Bien des prodiges se sont accomplis sur son tombeau en l'église de Plévin. Si l'on avait eu soin d'en contrôler plus sérieusement l'exactitude, le procès de sa béatification eût été rendu plus facile, et nous aurions peut-être un saint de plus sur nos autels. Espérons que cette cause sera posée un jour et résolue au grand désir des Bretons. En attendant, bien des pèlerins viendront encore visiter cette église et adresser leurs prières à Dieu, par l'entremise du P. Maunoir, ou Manoir, appelé par le peuple le bon père *an Tad mad*, comme quelques autres de ses compagnons.

Cette partie de l'évêché de Quimper, aujourd'hui de Saint-Brieuc, est bien le pays le plus pittoresque de nos montagnes de Cornouaille. Des hauteurs de Plévin on découvre un grand nombre de belles églises et presque toutes les collines du Finistère. C'est le point culminant et la ligne de partage des eaux. Carhaix montre à l'horizon son clocher de Saint-Trémeur, et dans les différentes ondulations produites par les mouvements du terrain, à travers ces milles petites montagnes aux teintes variées, et ces belles vallées ombreuses, on admire encore quelques crêtes couronnées d'arbres séculaires respectés jusqu'à présent par la hache du bûcheron. Tels sont les beaux hêtres qui entourent la chapelle de Guirmané, les côteaux du Blavet et les superbes oasis de Castellaouénan et de Kersaintéloy. Un gentilhomme, de la plus haute noblesse de ce pays, a rendu à la culture ces landes autrefois en friche, et n'a pas hésité, pour cela, à diriger lui-même la herse et la charrue. Partout ailleurs ce sont encore des landes, mais elles ne sont point tout à fait stériles : elles nourrissent de magnifiques bœufs qui servent d'abord au labour, et alimentent plus tard les marchés de la Bretagne. Au printemps, tout est doré par l'éblouissante fleur du genêt, et les touffes plus pâles de l'ajonc, ami de nos landes. La digitale même y mêle le pourpre de ses grappes brillantes, et ces terres, les plus arides surtout, s'embellissent passagèrement de mille nuances variées.

Le bourg de Plévin s'étend sur le versant occidental de cette petite chaîne de montagnes. Son église, nouvellement restaurée avec beaucoup d'intelligence, est entourée d'ifs énormes et de quelques hêtres vigoureux. On y voit même des platanes, aux dimensions colossales. Sous ces arbres géants, s'élève un calvaire de granit, porté sur une sorte d'arc de triomphe quadriface ou à quatre faces. Là repose un recteur de la paroisse. A l'entrée du cimetière, on remarque un petit édicule, qu'on prendrait d'abord pour une de ces chapelles funéraires de nos anciennes paroisses. On l'a érigé pour rappeler la chambre où est mort le *bon père*. Sa tombe, aujourd'hui couverte d'un marbre blanc, est au milieu de l'église, en face de la chaire ; on y vénère sa statue, grossièrement sculptée dans l'attitude de la prière. Les visiteurs en ont déjà emporté bien des parcelles.

Qu'y a-t-il dans cette tombe ? C'est la demande que font souvent les habitants du pays. On sait qu'ils furent obligés de s'armer, de s'insurger en quelque sorte, et de veiller pendant plusieurs jours, pour empêcher d'emporter le corps du P. Maunoir à Quimper. Devant cette résistance armée, le grand vicaire céda momentanément peut-être, et se contenta de prendre le cœur qui fut reçu en triomphe et déposé dans la chapelle des Pères Jésuites, près de saint Corertin.

Quand l'église de Plévin fut reconstruite en 1847, l'évêque de Saint-Brieuc envoya M. le chanoine Prud'homme présider à l'ouverture de ce tombeau. La cérémonie se fit en présence de M. Le Denmat, recteur de la paroisse, des Révérends Pères Bazin et Renaut, de la compagnie de Jésus, de plusieurs ecclésiastiques des deux diocèses, et de MM. de Saisy, seigneurs du pays. On ouvrit le caveau.... On n'y trouva qu'une planche presque décomposée, puis quelques ossements sans consistance qui au contact tombaient en poussière. Il est bien regrettable que la commission ne se soit pas fait accompagner par un docteur médecin, qui nous aurait dit la nature de ces ossements. Pourquoi même n'avoir pas creusé davantage, jusqu'à ce qu'on eût trouvé les restes de Mme de Kerlouët, puisqu'il est dit que le corps du P. Maunoir fut déposé dans la tombe même de cette dame, qui était, je crois, une sœur du P. Huby ? Toute cette poussière fut recueillie, renfermée dans une autre châsse et replacée dans le caveau, avec cette inscription :

TAD MANER.
CI-GIT LE P. JULIEN MAUNOIR
DE LA COMPAGNIE DE JÉSUS.
APRÈS 43 ANS DE MISSIONS
DANS LA BASSE-BRETAGNE,
IL MOURUT EN ODEUR DE SAINTETÉ,
A PLÉVIN, LE 28 JANVIER 1683.
Evangelisare pauperibus misit me. (Luc. 4.)

Cette inscription, toute moderne comme on le voit, est loin du style et de la composition du xviiᵉ siècle, l'époque littéraire par excellence, où les Révérends Pères Jésuites avaient le premier rang.

Avec le Père Maunoir, les missions prirent fin dans la Basse-Bretagne. D'ailleurs le corps religieux auquel il appartenait, créé surtout pour combattre le protestantisme, brilla quelque temps encore, puis se heurta contre la puissance des grands et se brisa. Sous Henri IV, les jésuites furent puissants à la cour, et suscitèrent quelques jalousies. Sous le règne suivant, Richelieu ne les voyait plus d'un bon œil. C'était d'ailleurs le commencement d'une erreur, sinon d'une hérésie, sorte de protestantisme mitigé appelé jansénisme, et les grands, par esprit d'opposition peut-être, l'embrassèrent avec fureur. Les jésuites l'attaquèrent avec violence, comme c'était leur devoir du reste, et triomphèrent avec Louis XIV. Peut-être, comme il arrive toujours, profitèrent-ils de leur influence, pour faire renvoyer les partisans de la religion nouvelle, comme on l'appelait dans le peuple. Cette accusation ne repose sur rien de bien solide cependant ; mais à la mort du roi, il se forma autour de la couronne une réaction qui leur devint bien funeste.

On ne sait pas encore au juste quel fut le but du jansénisme. Il n'est pas bien démontré qu'il ait voulu combattre la religion et se soustraire à ce que l'on appelait alors le joug de Rome. Il se greffa sur des pratiques religieuses mal entendues, et pour ne pas trancher sur le protestantisme, où régnait, en apparence du moins, une extrême sévérité, ses partisans affectèrent dans leur conduite, une rigidité non moins grande qui nous séduit involontairement, et plaça bien haut dans les souvenirs de notre jeunesse les écrivains de Port-Royal et leurs fidèles disciples. Le contraste de la doctrine des jésuites, qui est bien celle de l'église, parut trop frappant : on n'avait pas assez ménagé la transition, et le peuple qui s'abandonne trop facilement à tous les désordres, entend cependant les expier durement, quand il les reconnaît et revient à Dieu. Il y eut donc de ce côté un peu de scandale, que des gens de mauvaise foi, on peut le croire, ont exagéré à dessein. Ainsi on exhuma la doctrine de deux ou trois Pères étrangers, où régnait en effet un *laxisme* outré, et on la présenta au public sous la forme du ridicule, qui tue assez souvent chez nous. Tout cela n'était au fond qu'une question d'influence ; mais le danger n'en était pas moins grand, et les ripostes furent par là même suffisamment justifiées.

Les princes, qui cherchaient à concentrer l'autorité en leurs mains, voyaient avec déplaisir un ordre puissant qui échappait à cet assujettissement. Or les jansénistes avaient aussi de leur côté des savants, des hommes puissants, des religieux et même des religieuses, et ne voyant plus le roi soutenir les jésuites, ils entrèrent ouvertement en lutte avec eux. La société se brisa contre la puissance d'un siècle, où l'incrédulité allait bientôt remplacer toute croyance. L'exil fut la conséquence de leur défaite, et les écoles qu'ils dirigeaient avec tant de science et de distinction, passèrent en des mains trop faibles et peu préparées à soutenir cette tempête, où se déchaînaient toutes les idées subversives. La renaissance, avec ses élans hardis, mais soumis encore, était à la veille de disparaître à son tour, pour faire place à ce que l'on est convenu d'appeler la société moderne, et qui ne peut pas encore être jugée avec assez d'impartialité.

§ XIV. — Influence salutaire des Missions.

Les missions avaient produit un mouvement extraordinaire de piété, qui se fit sentir peu à peu dans toutes les classes de la société. Le peuple qui était resté profondément croyant, revint à une pratique plus intelligente de ses devoirs. Les grands avaient subi l'influence heureuse de ces hommes sortis de leurs rangs, qui par dévouement avaient sacrifié leurs positions, pour se faire humbles apôtres. Ils ne recherchent pas les villes où cependant leurs noms avaient paru avec honneur, mais les campagnes les plus abandonnées, dont ils connaissaient à peine la langue et les usages. De tels exemples donnaient à réfléchir, et ce fut le point de départ de la conversion d'un nombre considérable d'hommes marquants, et le commencement d'une époque où la religion dirigea tous les esprits distingués, comme nous le voyons même dans la littérature.

Les ordres religieux eux-mêmes n'avaient pas été insensibles à ce mouvement général. Disséminés un peu partout dans le pays sous forme de monastères, de prieurés ou d'abbayes, ils éprouvèrent comme le besoin de remonter à leur première ferveur. Toute chose en effet tend à se relâcher, si la force qui la maintient, de quelque nature qu'elle soit, vient à ralentir son influence. Dans l'état moral, cette détente se fait peu à peu et ne s'aperçoit guère que lorsqu'elle a envahi tous les ressorts de l'âme. Il en est ainsi des sociétés, même quand elles ont été le plus solidement constituées. Le pain quotidien est nécessaire au corps, la nourriture spirituelle à l'âme ; et à un ordre religieux, la régularité la plus parfaite. Quiconque s'est écarté de cette voie et éloigné de ces principes, doit remonter le flot ou reprendre le chemin qu'il a quitté. Le retour à la ferveur primitive prend le nom de réforme.

Ce mot, ou son équivalent, sonne cependant assez mal à nos oreilles, parce que c'est l'aveu d'une faiblesse, et que dans l'ordre social et religieux il nous rappelle un schisme déplorable greffé sur une hérésie qui dure encore. A part cela, la réforme n'exprime que l'état naturel de notre triste condition ici bas, et l'on dit tous les jours qu'on a besoin de réformer ses mœurs, et de donner une meilleure direction à sa vie.

L'Eglise avait déjà opéré sa réforme depuis un siècle. C'est un besoin qu'elle éprouvait depuis longtemps, non pas qu'elle eût erré, car elle est infaillible, mais parce que la poussière s'était à la longue attachée à ses flancs par son contact avec les passions humaines, et entravait sa marche glorieuse à travers les siècles. Elle n'attendait qu'une occasion favorable, pour assembler une de ces grandes assises qui ont marqué les différentes étapes de son histoire. Ce fut l'objet du Concile de Trente, convoqué par le grand pontife Paul III, et qui dura dix-huit ans. Sa mission était de dégager l'Eglise de tous les obstacles qui s'opposaient à son action dans le monde. On n'était plus au temps de Grégoire VII, ce saint et illustre Pontife, qui faisait, d'un mot, tomber les rois à ses pieds. Le temps avait marché, et la pensée humaine portée sur les ailes de la presse, se communiquait à tous avec le dangereux attrait de la nouveauté.

Les ordres religieux différents de règles et d'habits, marchaient tous cependant vers un même but, la gloire de l'Eglise et le salut des âmes. Par cela même qu'ils prenaient des voies différentes, ils ont laissé paraître quelquefois leurs divergences d'opinions, et souvent même une rivalité de peu d'importance au fond, mais qui ne laissait pas que de scandaliser à l'extérieur. C'est à tel point que le mot de *querelle de moines* vint en proverbe. Léon X l'employa à l'occasion de la révolte de Luther, et était loin de prévoir, sans doute, que cette querelle allait causer un déchirement profond dans le sein de l'Eglise.

Le pape Paul III ayant donc réussi à rassembler à Trente tous les évêques du monde catholique, les réformes désirées furent opérées avec une sagesse admirable. Les dissidents qui réclamaient ce Concile eussent dû être les premiers à se conformer à ses décisions. Ils n'en firent rien, et depuis plus de trois siècles, ils errent au hasard des tempêtes, comme des navires désemparés sans guide et sans boussole.

Les ordres religieux invités par le Concile à se réformer eux-mêmes, s'exécutèrent assez promptement, malgré les difficultés de toutes sortes dans lesquelles nous n'entrerons pas.

Chez les Bénédictins, ces patriarches des ordres monastiques, le couvent de Saint-Vannes, en Lorraine, donna l'exemple et le branle, sous la direction de Didier de la Cour, religieux d'une grande piété et d'une austérité de vie remarquable. Dès l'année 1598, où il devint prieur de cette maison, il reçut quelques novices qu'il forma à la stricte observance de la règle. Les jeûnes, les veilles, le silence, le travail des mains, la méditation des choses saintes, partageaient leur vie. On pouvait se croire transporté aux beaux jours de saint Benoît. Il n'y eut guère d'abbaye en France qui n'imitât ces généreux exemples, et pour avoir une existence à part, elles prirent le titre de congrégation de Saint-Maur, du nom d'un des premiers disciples de saint Benoît. C'est l'époque où l'ordre des Bénédictins jette le plus grand éclat. Alors furent accomplis ces gigantesques travaux littéraires, pour lesquels on ne saurait avoir assez d'admiration. L'abbaye de Saint-Jacut, dont dépendait le prieuré de Kermaria de Lannion, adopta la réforme de Saint-Maur, vers le milieu du xviie siècle, et la Bretagne y vit bientôt fleurir une foule d'hommes illustres, entre autres Dom Morice, Dom Taillandier, Jamin de Dinan, Jean le Saint, de Trédarzec, Audren de Kerdrel, et plus tard Dom Lobineau, l'historien de Bretagne, de ses saints et pieux personnages.

Les Cisterciens n'étaient qu'une branche déjà réformée de l'ordre de saint Benoît. Saint Bernard en la transplantant dans la terre si féconde de la Bourgogne, lui donna une force et un éclat remarquables. Le réformateur des Cisterciens fut l'abbé de Rancé. C'était le filleul de Richelieu, qui devint abbé d'une de leurs maisons en Normandie, appelée la *Trappe*. Il embrassa la vie religieuse, et après avoir reçu la bénédiction abbatiale, persuada à ses moines de prendre de la rigueur antique, tout ce qu'il était possible d'observer, eu égard aux circonstances. De concert donc avec leur pieux abbé et par ses conseils, les Trappistes, comme on les a appelés depuis, se dévouèrent à un silence rigoureux, au travail des mains et à une abstinence absolue. Ce monastère devint par le zèle de ce grand réformateur comme un autre Clairvaux, dont il fut lui-même le saint Bernard. Qui de nous n'a pas assisté une fois au moins, à ce *Salve Regina*, d'une si religieuse grandeur, chanté à l'entrée de la nuit par les voix mâles de ces ermites revenant des champs, pour prendre leur repas frugal du soir et s'endormir au chant lugubre du *Miserere!* De zélés chrétiens venaient visiter ce désert, pour s'animer au service de Dieu. Des gens du monde, des ecclésiastiques, des évêques s'y rendaient de tous côtés, pour y passer quelques jours, dans la méditation des vérités éternelles. Bossuet, au milieu des soins de l'épiscopat et de ses nombreux travaux, trouva le temps de se rendre jusqu'à huit fois à la Trappe, se conformant scrupuleusement aux exercices et à la nourriture des moines.

Le plus célèbre des établissements cisterciens en Bretagne, fut l'abbaye de Bégard, fondée par saint Bernard lui-même. Elle avait plusieurs prieurés dans les environs, entre autres à l'Ile-Modez et à Penlan, en Trébeurden, la porte de Kerduel, avec cloître, chapitre, réfectoire, dortoir et tout ce qui est prescrit par la règle monastique. Il ne reste plus rien de ce dernier ; celui de l'Ile-Modez conserve encore d'importants et curieux vestiges. Nous ne voyons pas que la réforme de Rancé ait été introduite à Bégard. Les Abbés étaient commanditaires. Il y en eut de célèbres, entre autres le cardinal Jules de Polignac, qui rebâtit le monastère, et composa le poëme latin l'*Anti-Lucrèce,* pour refuter la doctrine fausse et désolante de l'épicurien de Rome.

Saint-Aubin-des-Bois subit un commencement de réforme, sous l'abbé Pépin, religieux d'une éminente vertu ; mais une discussion assez grave s'étant produite à cette occasion, l'ordre n'y fut rétabli qu'un an avant sa mort, en 1625.

Les Augustins revinrent à la primitive observance, en se conformant à la règle établie à Sainte-Geneviève. Leur maison de Lannion s'était déjà associée à la réforme de Bourges. Elle était pauvre, mais florissante en vertus. Sa réputation de régularité et de piété s'est conservée dans le peuple qui en parle encore avec vénération.

Les Carmes ne sont venus en Bretagne que vers cette époque. Leur couvent de Rennes fut réformé par le vénérable frère Jean de Saint-Samson, et leurs autres maisons finirent par s'y associer. Le célèbre missionnaire Philippe Thébaut les introduisit à Quintin, et cette communauté devint une des plus célèbres de l'ordre. Ils s'étaient déjà établis à Guingamp et à Morlaix. On croit même qu'ils avaient un prieuré à Brélévenez, dans une maison de belle apparence, appelée Murervern. Les Carmes furent appelés aussi à Sainte-Anne d'Auray, à cause du pèlerinage déjà célèbre de cette chapelle.

Nous ne parlons que pour mémoire des Trinitaires ou Mathurins, établis par Saint-Jean de Matha, pour la rédemption des captifs, vers la fin du XIIe siècle. Le grand nombre de nos marins exposés à tomber entre les mains des Mauresques, les rendit populaires en Bretagne. Il n'y a guère d'églises sur nos côtes qui n'eût au moins une statue de saint Mathurin, devenu leur patron. Dans l'île de Bréhat, on voit un tableau curieux représentant une de ces scènes touchantes, où un religieux se fait mettre dans les fers, à la place d'un captif breton dont il ne peut payer la rançon. Peut-être ont-ils habité, à Brélévenez, l'établissement qu'ont occupé les Carmes dans la suite. Il ne serait même pas impossible que la belle église de cette paroisse ait été bâtie par eux et non par les Templiers, comme on le croit généralement, sans aucune preuve sérieuse. Tout y rappelle la Trinité, et la principale statue de l'autel porte le nom de saint Mathurin. Le jour de sa fête on passait au cou des fidèles une chaîne appelée la chaîne de saint Mathurin ; et un calvaire en granit qu'on voit à la porte du cimetière, porte cette inscription en caractères du xve siècle: *Croix dédiée à saint Mathurin.*

Un célèbre breton, Jérôme Haliès, appelé le Père du Saint-Sacrement, fut suscité par Dieu pour réformer cet ordre si intéressant. C'était un religieux d'une grande vertu, marchant toujours nu-pieds et revêtu d'un habit grossier. I mourut en odeur de sainteté.

Les Dominicains eurent aussi leur réformateu dans la personne d'une autre notabilité bretonn le Père Jouault, de la maison de Rennes. C'est l qu'il avait pris l'habit, mais il fit profession : célèbre couvent de Saint-Jacques à Paris, couve qui a fait donner à ces religieux le nom de Jacc bins, comme celui de Mathurins, aux Religieu Trinitaires qui habitaient près de l'église de saint peu connu. Les Dominicains qui avaie rendu tant de services à l'Église et pouvaient lt en rendre encore, s'étaient étrangement relâch(par suite du malheur des temps. Pierre Jouaul résolut d'y rétablir l'observance primitive. C'est par la maison de Rennes qu'il tenta cette heureuse réforme, et il réussit à l'y introduire, malgré bien des difficultés. Le général de l'ordre l'en félicita, en exprimant le vœu de pouvoir obtenir le même résultat pour toutes les autres maisons de Bretagne, Guingamp, Nantes et Morlaix s'empressèrent d'adhérer à ce désir de leur supérieur, et Vannes ne tarda pas à les suivre. Le souvenir de saint Vincent Ferrier avait fait donner son nom au couvent des Dominicains dans cette dernière ville. Le P. Jouault avait tout préparé pour réformer aussi la maison de Dinan, ce qui n'eut lieu cependant qu'un an après sa mort (1637).

Les Franciscains s'étaient réformés eux-mêmes par la division de leur ordre en trois branches, dès le premier siècle de leur existence. Nous en dirons cependant un mot, à cause de l'importance et du nombre de leurs maisons en Bretagne. Peu après la mort de saint François, Quimper, Rennes, Vannes et Dinan eurent des Frères Mineurs ou Cordeliers, comme on les appelait alors. Ce dernier établissement fut fondé au retour de la croisade de saint Louis, par le baron d'Avaugour, qui s'y fit religieux lui-même. Saint Bonaventure l'avait en telle estime, qu'il lui envoya une statue de la Sainte Vierge, conservée encore dans l'église de Saint-Sauveur. Le couvent de Tréguier, ou plutôt de Plouguiel, à la porte de Tréguier, doit son origine au duc de Bretagne lui-même, François II, vers la fin du XVe siècle. Le dernier des Clisson y mourut religieux, et fut enterré dans une sorte d'ossuaire dépendant de sa terre du Verger, en Trédarzec, converti depuis en chapelle de

Saint-Yves-de-Vérité. Cet ordre, qui a eu pour général au XVIe siècle un gentilhomme breton, Christophe de Penfeuntenio, semblait tout à fait acclimaté en Bretagne.

Ceux qui adoptèrent la réforme espagnole s'appelèrent Récollets. Leur principale maison fut dans l'île Verte, à l'entrée de la baie de Paimpol, occupée d'abord par les Cordeliers. On n'est pas bien sûr de laquelle des nombreuses îles de cette baie il s'agit. On dit que ce nom lui est venu de la grande quantité de lauriers qui y croissaient. Ce serait donc Lavréec ou Lauréec qui signifie lieu planté de lauriers, et fait partie du groupe de Bréhat. Il paraîtrait même que c'est là que saint Budoc avait établi son collège, comme le ferait croire un certain nombre de fondations de maisons, en forme de guérites, que l'on vient d'y trouver. Au temps des Cordeliers, on l'appelait l'île Vierge, *Insula Virgo*, d'où la traduction bretonne fit : *Enes guerc'h, énes erc'h*, et la traduction française : *l'île d'Er* et peut-être *l'île Verte*. Les pauvres moines y avaient végété pendant vingt-quatre ans, puis fondèrent, en se séparant, trois établissements, l'un à Landerneau, l'autre près de Morlaix, et le troisième dans l'île de Césambre, en vue de Saint-Malo. De là ce dicton banal chez les Cordeliers : *Virgo peperit tres, et postea infirmari cœpit et fuit derelicta et sterilis ut ante,* la Vierge donna naissance à trois enfants, puis s'affaiblit, fut délaissée et devint stérile comme auparavant. L'abandon ne fut pas long. Les Récollets prirent la place des Cordeliers et s'y maintinrent jusqu'à la révolution.

Une autre réforme, introduite chez les Franciscains par Boschi, religieux italien, donna naissance aux Capucins. Le duc de Mercœur les fit venir en Bretagne où ils comptèrent bientôt plus de vingt maisons. Ils s'attirèrent généralement l'estime publique, par leur zèle pour la gloire de Dieu et le salut des âmes, et servirent beaucoup, comme prédicateurs et missionnaires, à entretenir dans nos campagnes l'esprit de piété qui y règne encore. C'est le chevalier du Parc de Locmaria qui les appela à Lannion. Il leur donna un terrain occupé aujourd'hui par l'établissement des Frères, et leur bâtit un beau couvent avec une grande chapelle qui existe toujours. Les capucins ont produit quelques écrivains bretons très appréciés : Yves de Tréguier, Joseph de Morlaix et Briand de Lannion, qui appartenait même à la famille de ce nom, puis un général de l'ordre, Boscher de la Villéon.

Les Chartreux furent peu nombreux, et n'eurent pas besoin de réforme. La solitude et l'austérité de leur vie les mettent à l'abri des passions qui tourmentent l'esprit et le cœur. Nous n'en parlerions pas si leur principal établissement ne rappelait pas un fait historique de la plus haute importance, la bataille d'Auray, où succomba l'infortuné Charles de Blois. C'est dans la chapelle bâtie sur le lieu de sa mort que reposent les restes des sympatiques héros de Quibéron. Cette Chartreuse a compté dans son sein quelques bretons de familles illustres : Guillaume Le Maistre, Jacques Botrel, Gilles Duval et Pierre du Tronchet. Les Oratoriens n'avaient qu'un couvent, à Nantes, qui reçut les vœux du célèbre Fouché, devenu depuis duc d'Otrante, et Préfet de police sous l'empire.

Les Jésuites sont venus en dernier lieu compléter cette brillante couronne de religieux établis dans notre pays. Ils étaient alors dans tout l'éclat de leur première ferveur, et n'eurent pas besoin de réforme, grâce à la fermeté de leur constitution. *Sint ut sunt, aut non sint* : qu'ils soient comme ils sont ou cessent d'exister, c'est la fière devise de cette illustre compagnie qu'on a vue disparaître avec regret, sous la persécution de ses ennemis. Attaqués par un célèbre magistrat breton, de la Chalotais, ils en ont trouvé un non moins célèbre et plus courageux pour les défendre, le seigneur de Garlaie, aidé de son ami de Coëtancours. La Bretagne a fourni à la compagnie de Jésus un grand nombre de sujets et plusieurs écrivains estimés : Le Père de Crésoles, du pays de Lannion, les Pères de Tournemine, André, Bougeaut, Le Gobien, Neveu, de Neuville et d'autres encore, sans parler du Père Hardouin, l'homme le plus original de son siècle.

Les Lazaristes vinrent en Bretagne dès les premières années du Père Maunoir. Ils donnèrent quelques missions, entre autres celle de Plessala, qui eut du retentissement. Ils fondèrent les Séminaires de Saint-Brieuc et de Tréguier, et de plus un établissement dans cette dernière ville, toujours connu sous le nom de la *Mission*. Leur bibliothèque, augmentée de celle de Mgr Grangier, forme le meilleur fonds de la riche bibliothèque du petit-séminaire actuel. Le Père Macé, encore un breton, fut assistant à leur supérieur général. Il avait travaillé à toutes les missions en France, et s'était fait remarquer par la douceur de son caractère. Le dernier supérieur du grand séminaire de Tréguier, M. l'Allier, est mort curé de Lannion.

Les Sulpiciens n'ont eu que le séminaire de Nantes, mais la Bretagne leur a fourni quelques prêtres distingués : MM. Dollec de Cosson, Le Gallic, qui fut supérieur de cette maison, et MM. Flô et Alno qui moururent en exil pendant la révolution.

Les Eudistes reçurent la direction du Séminaire de Rennes, à la suite d'une mission prêchée dans cette ville par le Père Eudes, et qui ne fut que le prélude de celle qu'y donna après M. de Trémaria. Ils ont compté dans leurs rangs deux bretons célèbres, MM. Sevoy et Beurrier, tous deux écrivains distingués. Cette congrégation, disparue pendant la révolution, a été rétablie il n'y a guère qu'un demi siècle, par un prêtre de beaucoup de zèle et de piété, M. l'abbé Blanchard. Elle compte un grand nombre de maisons et rend à l'Eglise les services les plus signalés.

§ XV. — Influence des Missions — Congrégation de Femmes.

Les communautés de femmes, assez nombreuses en Bretagne, restèrent plus longtemps que les Religieux, fidèles à leur primitive observance. Cela tient sans doute à la nature même de ces couvents généralement soumis à la clôture, moins en rapport par conséquent avec le monde. A la suite des missions, de nouvelles congrégations vont s'établir en dehors de ces clôtures pour se mettre plus directement en contact avec les besoins de la société. Quelques-unes des anciennes Maisons religieuses, à la vue de ce mouvement général, craignant de s'être écartées elles-mêmes de leur première ferveur, essayèrent une sorte de réforme qui ne fut qu'une revue un peu sévère de leurs règles primitives.

Une femme sembla avoir reçu de Dieu la mission d'accomplir cette œuvre, d'examiner plutôt que de réformer ces pieuses communautés. Elles les visita toutes, et comme l'abeille qui butine dans le calice des fleurs, elle porta de l'une dans l'autre les vertus qui se pratiquaient dans les plus ferventes d'entre elles. Cette femme n'était pas cependant religieuse dans le sens le plus strict du mot, puisqu'elle n'appartenait au couvent de la Visitation de Rennes que comme simple novice. Comme telle, elle pouvait se présenter dans les différentes communautés, et toutes tenaient à l'honneur de la posséder quelque temps. Elle connaissait admirablement les secrets de la vie religieuse, et n'était cependant qu'une femme du monde, joignant à une vertu extrêmement sévère, un extérieur de douceur et de bonté qui captivait tous les cœurs. Elle avait eu des révélations, et d'autres personnes prétendaient en avoir eu à son sujet. A cette époque, comme toujours d'ailleurs, on avait à se garder de la séduction qui se présente sous cette forme, assez flatteuse du reste pour l'orgueil humain. La Mère Marie des Anges, la célèbre possédée de Loudun, en est un exemple frappant. Plusieurs personnes l'ont regardée comme une sainte et il n'est pas encore prouvé qu'elle ne le fut pas. Mgr Grangier était en correspondance de lettres avec elle, et Madame du Houx, car c'est d'elle que nous parlons, fut envoyée trois fois visiter cette religieuse visionnaire en son couvent des Ursulines, et n'a pas osé se prononcer. Aujourd'hui on hésite encore à se faire une opinion touchant ces possessions, malgré toute l'autorité du Père Surin et de ses fidèles disciples. En général cependant, on y ajoute peu de foi, aussi bien qu'aux prétendus miracles du cimetière de saint Médard. S'il est besoin de dégager l'Eglise de certaines croyances, contre lesquelles on récrimine assez de nos jours, c'est bien de ces sortes de miracles, qui n'ont pour but que d'exploiter la curiosité, et pour seuls résultats, que de porter le trouble dans les âmes.

Mme du Houx nous représente assez dans sa vie pieuse et nomade, un de ces caractères qui ne se rencontrent que bien rarement. On peut en tirer de grands avantages pour le bien, mais à condition de les savoir employer avec une sage discrétion. Du reste le siècle qui nous occupe en a produit un assez grand nombre, dont Dieu s'est servi pour le bien de son Eglise et le renouvellement de la ferveur dans les ordres religieux.

Mme du Houx, connue sous le nom de Sœur Jeanne Pinsçon, avait passé par toutes les péripéties d'une vie extrêmement agitée, et il s'en est conservé une sorte de teinte qui a rejailli sur toutes ses œuvres. Elle se multipliait avec une merveilleuse facilité, et se prêtait avec une grande mobilité à toutes les circonstances qu'elle eut à traverser. Plusieurs prélats et de saints personnages l'avaient en grande estime. Il suffit de nommer l'évêque de Tréguier et ses vicaires généraux ; MM. de Kerlivio et de Trémaria, les Pères Maunoir et Huby, et un grand nombre de communautés religieuses. « Ayant entendu parler de Madame du Houx, dit Mgr Grangier, nous la priâmes de venir dans notre ville, et l'obligeâmes à demeurer, près de deux ans, dans les diverses communautés de notre diocèse. Elle y a paru comme le modèle de toutes les vertus chrétiennes. Sa dévotion était solide et élevée, et sa conversation si édifiante, qu'elle portait les personnes vertueuses à s'avancer de plus en plus dans la ferveur. »

Née à Rennes, d'une ancienne famille bretonne, Jeanne Pinsçon reçut de ses parents une éducation extrêmement négligée et fort peu chrétienne. Elle n'avait que quatre ans quand elle perdit sa mère, et son père la confia à des personnes qui n'en prirent aucun soin. Exposée à bien des dangers, elle sut, toute jeune qu'elle était, inspirer le respect et la vertu à tout ce qui l'entourait. Les mauvais traitements et la négligence de ses gouvernantes lui firent éprouver des accidents, et contracter des infirmités dont elle se ressentit toute sa vie. Malgré son désir de se faire religieuse, son père l'obligea à se marier à M. de Forsanz du Houx, d'une illustre maison alliée aux plus grandes familles de notre pays. C'était un parfait gentilhomme et de plus un excellent chrétien.

Dieu la fit passer par de bien dures épreuves. Maladies cruelles, mauvais traitements de la part des médecins, attentats même à sa vie, rien ne lui fut épargné, et dès ce moment elle devint en réalité, comme on l'a surnommée dans la suite, *l'épouse de la Croix*. Guérie comme par miracle à la suite d'un pèlerinage à Sainte-Anne d'Auray, elle retrouva assez de forces pour soigner son père pendant une longue maladie et lui fermer les yeux. Peu de temps après, son mari qui était conseiller au Parlement de Bretagne, tomba malade à son tour et mourut pieusement entre ses bras. Libre désormais de tout engagement, elle songe à sa première vocation. Après une retraite au Colombier, une des maisons de la Visitation à Rennes, elle obtint d'y entrer comme novice. Sa vie fut dès le premier jour celle d'une religieuse parfaite; mais toutes ses épreuves n'étaient pas finies. Elle souffrit avec patience les peines les plus pénibles qui puissent être infligées à une âme, les tourments causés par ses scrupules et ce qu'elle appelait les obsessions du démon. Pour la consoler, Jésus-Christ lui apparut visiblement une fois, sous le pain eucharistique, et une autre fois la vénérable Mère Marie de Chantal, qui n'était pas encore canonisée. Ses austérités étaient effrayantes, et sa prière continuelle. Le Père Valentin, Carme d'une grande piété, frappé de tant de sainteté, voulut même qu'elle écrivît sa vie,

Jeanne y consentit avec une extrême répugnance, et sous certaines conditions qui ont empêché de la publier.

Ses différents voyages à Loudun lui donnèrent l'occasion de visiter en route tous les couvents de la Visitation entre Rennes et cette ville. Partout elle exerçait une sorte d'apostolat, même parmi les Dames du monde, et elle en détermina un assez grand nombre à se faire religieuses. Après chacun de ses voyages, Rennes la recevait avec enthousiasme et on eût voulu l'y garder toujours. Mais de tous les côtés, les maisons religieuses réclamaient sa présence. Elle visita tour à tour les communautés de Nantes, Vannes, Saint-Brieuc, Tréguier et Lannion, et se rendit ensuite à Quimper, Hennebont, Dinan et Pontivy. Les religieuses de Rennes commencèrent à trouver assez étranges ces voyages continuels, et le lui firent sentir en manifestant assez vivement leurs ressentiments. « C'est, je pense, dit-elle, pour me faire expier les honneurs dont on m'a accablée, à Tréguier particulièrement. »

Ces courses ne laissaient pas que de la fatiguer beaucoup. Elle voulait donc se reposer au Colombier, mais Mgr Grangier écrivit encore à sa supérieure, avec tant d'instance qu'elle revint à Tréguier, mais toute faible et languissante. Il la conduisit lui-même au couvent des Ursulines, où elle se mit en retraite suivant son habitude. Elle acquit par sa piété et sa régularité une telle influence sur ces religieuses, qu'elle décida les quatre maisons qu'elles ont dans le diocèse à garder entre elles une parfaite uniformité. Mme du Houx a rendu elle-même hommage à l'excellent esprit de ces communautés. « J'y ai trouvé, dit-elle, des personnes très éclairées et d'une éminente vertu. »

Après avoir passé un mois aux Ursulines, elle entra au couvent des Hospitalières et y tomba gravement malade. L'évêque la crut mourante et après lui avoir administré les derniers sacrements, écrivit à la supérieure de Loudun pour la recommander à ses prières. « *Madame du Houx*, lui fut-il répondu, *est une victime immolée à la justice divine, pour le salut de plusieurs.* » Ces paroles, assez vagues en elles-mêmes, pouvaient passer dans la circonstance pour une révélation. A peine guérie, elle se donna tout entière aux devoirs de la charité, et partagea les emplois de ses sœurs auprès des malades. C'était en 1664. Elle quitta les Hospitalières pour rentrer aux Ursulines, et y donna pendant deux mois l'exemple des plus grandes vertus. A Tréguier on ne parlait plus que de Mme du Houx. Les autres villes la demandèrent à leur tour, et partout elle exerçait une telle influence, que s'il y avait quelques abus dans les communautés, elle parvenait facilement à les corriger. Elle n'eut que le temps de rentrer à Rennes, que Mgr Grangier la réclama une autre fois encore, pour ses religieuses Hospitalières qui ne l'avaient pas possédée assez longtemps. Il y avait alors, dans la salle des malades, un gentilhomme d'une grande vertu, Pierre de Loz de Kergouanton. C'était le fondateur de cette maison, et il avait tout réglé pour la doter richement, par le généreux abandon de sa fortune. Rien n'était signé encore cependant et on ne voyait en lui aucun signe de mort prochaine. Mme du Houx se trouva à lui donner ses soins, et persuadée qu'il allait mourir, lui conseilla de mettre ordre à ses affaires. Le cher malade se conforma à ses recommandations et mourut pieusement quelques jours après, en écoutant ses saintes exhortations.

M. de Kerlivio et Mlle de Francheville la réclamaient à grands cris, pour diriger la retraite des femmes, à Vannes. Cette œuvre était encore à son début. Il fallait, pour conduire ces exercices, une personne qui pût imposer par la sainteté de sa vie et ses capacités intellectuelles. Mme du Houx était l'idéal de leur désir, mais il fallut bien des démarches pour l'obtenir. Elle resta deux ans dans cette maison, et y fit des merveilles par son zèle et sa piété. Elle se dépensait nuit et jour, et parlait avec tant de force qu'à la fin elle dut garder le lit. Son mal dura peu, et elle reprit son travail avec une activité d'autant plus incroyable, qu'on ne voyait en elle qu'un souffle de vie. Quand la maison de Rennes apprit tout cela, elle réclama impérieusement son retour. Il fallut donc la laisser partir, mais ce fut l'occasion d'une sorte d'émeute à Vannes, et M. de Kerlivio fut forcé de la demander encore. « Nous avons besoin de vos conseils, lui écrivait-il, et nous savons par expérience que Dieu vous a donné grâce pour cela. Votre peu de santé nous suffit, quand même vous n'auriez ni pieds ni mains. Une langue comme la vôtre, conduite par le Saint-Esprit, c'est tout ce qu'il nous faut. Vous ne pouvez, d'ailleurs, mieux finir votre vie que dans un emploi qui procure tant de gloire à Dieu et le salut pour tant d'hommes. »

Il fut impossible de céder à ces désirs, si pressants qu'ils fussent, et Mme du Houx ne songea plus qu'à mourir. Auparavant elle désirait prononcer ses vœux de religion, et cette grâce lui ayant été accordée, elle se prépara, par une petite retraite, à cette imposante cérémonie. Les religieuses assistèrent en larmes à cette profession qui joignait à la solennité ordinaire, le spectacle de la mort qui réclamait sa victime. Elle avait encore sa couronne de fleurs quand elle reçut le saint viatique et l'extrême-onction quelques jours après. Elle mourut en prononçant ces paroles d'un cantique du P. Uby : « *Plus désormais ni nuit ni jour, que croix, que mort, que Dieu, qu'amour !* » — « *Mon cœur est blessé,* ajouta-t-elle, *Jésus, Marie, Joseph, secourez-moi.* » Son corps fut déposé dans un caveau au milieu de la chapelle et le peuple la pleura, en proclamant hautement ses éminentes vertus. L'évêque de Tréguier fit son éloge dans une lettre adressée à sa communauté. « Nous remercions Dieu, dit-il, des grâces qu'il a communiquées à cette belle âme, et pour honorer sa mémoire après son décès, nous rendons ce témoignage public à sa vertu, et désirons que les actions de sa vie soient mises au jour pour le bien spirituel de tous. » Le chevalier d'Espoy qui s'est rendu au désir de Mgr Grangier, rapporte toutes les oraisons funèbres qui ont été prononcées à l'occasion de cette mort; les lettres écrites par les différentes supérieures des Communautés de Tréguier et de Lannion où elle a passé, et les miracles nombreux qui se seraient opérés sur son tombeau.

Cette vie extraordinaire fut tellement admirée en Bretagne, que nous avons cru devoir en esquisser quelques traits, pour l'honneur de notre pays et l'édification des âmes chancelantes, si nombreuses aujourd'hui. Nous voyons combien l'esprit religieux était général et pieusement conservé dans nos communautés; combien aussi les souffrances de Notre Seigneur avaient profondément pénétré ces saintes âmes. « Ou souffrir ou mourir ! » C'était leur devise comme celle de sainte Thérèse. L'évêque de Tréguier, qui veillait sur elles avec une si pieuse sollicitude, leur donnait lui-même l'exemple d'une régularité parfaite, en l'observant scrupuleusement dans sa maison et sa famille épiscopale.

§ XVI. — Influence des Missions. — Maisons de Retraites.

Un des plus grands bienfaits des missions, fut la création des Maisons de retraites en Bretagne. Nous venons de voir que la première supérieure de l'établissement fondé par M. de Kerlivio à Vannes, fut Mme du Houx. Elle y a laissé son esprit de régularité et de ferveur, au témoignage même de Mme de Kerderff, qui lui a succédé dans cet emploi. « Si j'ai, dit-elle, éprouvé quelques facilités comme supérieure, je le dois à Mme du Houx. » Les deux maisons fondées à Vannes eurent bientôt un grand nombre de succursales. C'est de Kerduel encore, qu'est venue, comme nous l'avons dit, la fondation de celle de Lannion. Nous croyons donc ne pas trop nous écarter de notre sujet en esquissant à grands traits la vie des fondateurs de ces établissements, qui ont rendu tant de services à notre pays, depuis plus de deux siècles. C'est encore honorer notre Bretagne que de montrer combien furent illustres, par leurs vertus, les personnes éminentes qui ont consacré leur vie et leur fortune à créer cette œuvre excellente entre toutes pour le salut des âmes.

Quand on veut remonter à la source d'un fleuve aux eaux fertilisantes, on se trouve parfois en présence de doutes et d'embarras, à cause du grand nombre de ruisseaux qui s'y jettent. Il en est ainsi d'une foule de nos institutions religieuses ou charitables : on en trouve difficilement le premier fondateur, parce que plusieurs personnes y ont contribué au même titre. Une convention tranche la difficulté, en face du refus de tant d'humbles dévouements à en accepter l'honneur. Il est donc admis que Mlle de Francheville a fondé la première Maison de retraites pour les femmes, et M. de Kerlivio un établissement semblable pour les hommes. Les deux fondations ont marché de front et ont fini même par se confondre, puisque la double retraite se donne dans la même maison. Sans vouloir retracer l'histoire de cette institution deux fois séculaire, nous demandons à dire un mot de ces deux pieux et illustres fondateurs.

Eudo de Kerlivio rappelle une ancienne famille de Hennebont, qui comptait dans ses membres plusieurs conseillers au Parlement de Bretagne. Par ses alliances elle s'est répandue dans toute la province et particulièrement au pays de Lannion. Louis vint au monde le 14 novembre 1621, et fut baptisé dans l'église de Saint-Caradec, près de la ville de Hennebont. Après de brillantes études à Rennes et à Bordeaux, il vécut quelque temps dans son pays, en élégant gentilhomme riche. Des chagrins, des peines de cœur, des contrariétés de toutes sortes, tels furent les instruments dont Dieu se servit pour lui dissiller les yeux, et il entra au couvent des Carmes pour faire une retraite. Il se rendit ensuite à Paris, pour étudier sous la direction de saint Vincent de Paul, et se sentant appelé à l'état ecclésiastique, il se prépara à recevoir les ordres sacrés. Ses progrès furent rapides, et sa piété égala bientôt celle des plus fervents religieux. Ordonné prêtre à l'âge de vingt-quatre ans, il continua encore ses études, sans vouloir cependant recevoir de grades, son intention étant toujours de se consacrer aux missions de la campagne.

Appelé en Bretagne par la maladie de son père, il causa une heureuse surprise à ses compatriotes. On était en présence d'un prêtre austère, modeste et recueilli, au lieu du jeune homme brillant, aimable et enjoué, qui faisait quelques années auparavant, les délices des assemblées mondaines. Son père, avant de rendre le dernier soupir, connaissant le changement opéré dans son fils, lui dit : « Je ne fais pas de testament dans les formes, parce que je suis assuré que tout ce que je vous lèguerai de biens vous le donnerez aux pauvres et aux églises. » Jamais volontés ne furent mieux exécutées. La fortune des Kerlivio était considérable, et Hennebont le sut bientôt, par le relèvement subit de tous ses établissements de charité : hôpital des malades, asile des pauvres et des vieillards, dotation des jeunes filles indigentes, tout prospéra d'une manière étonnante, et personne ne voyait la main qui distribuait toutes ces largesses.

Pour faire plus de bien aux pauvres et vivre plus pauvrement lui-même, le jeune prêtre, quoique riche seigneur, se retira dans une petite chambre qu'il s'était fait préparer, aussi modeste que possible, à l'hôpital de Hennebont, avec l'intention de consacrer sa vie au service des malades, en qualité de chapelain et de confesseur. C'était pour lui une occasion de leur témoigner toute son affection, en restant nuit et jour au milieu d'eux et en pratiquant la pauvreté dans toute sa rigueur. Il vivait dans un recueillement profond, et si parfois il était obligé de paraître en public, au milieu des autres prêtres, il recherchait toujours la dernière place. Dans les cérémonies, l'humble seigneur tenait à honneur de porter la croix de procession, fonction ordinairement réservée au dernier des clercs.

Mgr de Rosmadec, évêque de Vannes, ayant entendu parler de cette vie si extraordinaire, fit venir M. de Kerlivio, et pour l'obliger à quitter sa retraite, il lui confia la direction des Ursulines de cette ville. Il accepta cette charge pour quelque temps seulement, et profita d'une indisposition qu'il y contracta, pour retourner à sa solitude où il faillit mourir. Le Père Huby, qui donna une mission à Vannes à cette époque, alla chercher le saint prêtre dans sa retraite et l'obligea à travailler avec lui au salut des âmes. M. de Kerlivio s'échappa une seconde fois, pour retourner à Hennebont, auprès de ses malades. Sa vie était extrêmement austère : il priait et jeûnait tous les jours, en s'imposant des mortifications effrayantes. Quand il se couchait, ce n'était que sur une paillasse piquée, avec une méchante couverture quelconque. Deux fois la semaine il réunissait les ouvriers et les enfants pauvres, pour leur faire le catéchisme et d'abondantes aumônes. Le confessionnal prenait le reste de son temps. Il y recevait les pécheurs avec une grande charité et opérait des conversions remarquables.

Mgr de Rosmadec ayant perdu un de ses grands vicaires, pria le Père Huby de décider ce saint prêtre à accepter cet emploi important et difficile. C'était un honneur aussi, et M. de Kerlivio s'y refusa longtemps. Enfin, comme il ne voulait en rien désobéir à son évêque, ni contrarier les vues de la Providence, il accepta cette lourde charge, et quitta en pleurant sa solitude si tranquille, après s'y être fait remplacer par un pieux ecclésiastique, auquel il fit une pension convenable.

Son genre de vie changea complètement, pour honorer même extérieurement la haute dignité que lui avait confiée son évêque. Il s'appliqua à étudier avec un soin extrême les besoins de son diocèse et le gouverna avec une sagesse remarquable. En peu de temps l'affection du clergé lui fut acquise, et à force de prudence et de bons procédés, il put régler assez facilement toutes les difficultés pendantes. Mgr de Rosmadec fut heureux d'un tel résultat, et remercia publiquement la Providence de lui avoir donné un tel vicaire général pour l'aider dans son administration. Son affection pour lui égala sa reconnaissance, et M. de Kerlivio ayant fait une grave maladie, le prélat le veilla lui-même et fit une circulaire pour le recommander aux prières de ses communautés.

Sa convalescence fut traversée par de sérieuses difficultés et des épreuves sensibles. Il avait, de ses propres deniers, construits un séminaire ; mais les jésuites qui devaient le diriger étant peu sympathiques au clergé, se virent refuser des élèves et l'évêque prit en main la cause de ses prêtres. Il ne restait à M. de Kerlivio qu'à se défaire de sa maison. L'idée lui vint alors, pour tout concilier, de l'employer à faire des retraites. Cette pensée, approuvée de tous, fut bénie de Dieu, et bientôt la nouvelle communauté, comme on l'appelait dans le peuple, se trouva trop petite pour le nombre des retraitants qui s'y rendaient de tous côtés. Cet orage obligea M. de Kerlivio à se retirer dans la paroisse de Pleumergat, dont il était le recteur ; mais il s'empressa de revenir à Vannes pour défendre cette œuvre contre la critique exagérée de certains membres du clergé. Cette opposition dura peu du reste, et les recteurs eux-mêmes suivirent bientôt leurs paroissiens, en les engageant à profiter de ces exercices salutaires. La noblesse des neuf évêchés, et les personnes de la plus haute distinction y vinrent à leur tour, et l'on put se convaincre bientôt de tout le bien que ces retraites devaient opérer en Bretagne.

Malgré tout le soin qu'il donnait à son œuvre, le grand vicaire ne négligea rien de ce qui se rapportait à l'administration du diocèse. Il se rendait dans chaque paroisse, tout infirme qu'il était, encourageait les prêtres à bien remplir leurs devoirs et à vivre conformément à la sainteté de leur état, relevant les uns, faisant des remontrances aux autres, les exhortant tous à se détacher des biens de la terre et à faire du bien aux pauvres. *Un ecclésiastique,* disait-il, *doit mourir sans dettes et sans argent.* Il y avait des usages dans la collation des bénéfices qui dégénérèrent en abus, bien qu'ils eussent une certaine apparence de légalité, étant fondés sur les règles du droit ecclésiastique. Un certain nombre de prêtres accouraient à Rome pour obtenir par *prévention,* comme on s'exprimait alors, les bénéfices qui venaient à vaquer pendant les mois dévolus à la cour romaine, et se trouvaient dans l'impossibilité d'exercer le saint ministère, dans des paroisses qui leur tombaient au hasard et dont ils ne connaissaient pas la langue. M. de Kerlivio fit poser le cas à la Sorbonne sous cette forme : *Un prêtre ne sachant pas le breton, est-il apte à posséder une paroisse où l'on ne parle que cette langue ?* Cette école se prononça pour la négative, et Rome ayant confirmé cette décision, demanda la liste des cures bretonnes, pour ne les donner désormais qu'à ceux qui possèderaient suffisamment cette langue.

Persuadé que les prêtres, pour se soutenir mutuellement, ont besoin de se voir et de discuter ensemble les intérêts des âmes, M. de Kerlivio établit partout les conférences ecclésiastiques. On se réunissait tous les mois, pour étudier ensemble certaines questions relatives au clergé et aux fidèles confiés au soin des pasteurs. Les discussions portaient ensuite sur l'uniformité de conduite dans la direction des âmes, question essentielle dans un pays soumis à tant d'usages différents. Toutes ces réformes et d'autres encore ayant été opérées et acceptées par tous les prêtres, le vicaire général jugea les esprits assez disposés à recevoir un séminaire diocésain, pour l'éducation des jeunes clercs. Il en fit construire un près de l'église de Notre-Dame du Mené, et en confia la direction à un vénérable ecclésiastique, nommé Jean de L'Isle, qui s'était acquis l'estime et l'affection de tous, dans le ministère paroissial. Cette nomination plut à tout le clergé du diocèse, et le nouvel établissement, qu'il a continué de diriger depuis, a rendu les plus grands services.

L'administration, toute difficile qu'elle fût, ne suffisait pas au zèle de M. de Kerlivio. Il travaillait lui-même dans les missions, prêchait et confessait comme le dernier des prêtres, mais avec une force et une onction telles que personne ne résistait à sa parole. Il étudiait constamment, même pendant ses repas, qui étaient d'une extrême frugalité, une simple tasse de lait avec un peu de pain qu'il y trempait. Ce n'était pas par économie, mais seulement pour venir en aide à plus de malheureux. Tout ce qui était à son usage ressentait d'ailleurs la plus grande pauvreté. Ses vêtements, d'un drap grossier, étaient propres, mais il les rapiéçait lui-même, et cependant sous cet extérieur austère, il cachait une grande affabilité de caractère. C'était l'homme le plus aimable et le prêtre le plus gracieux ! Il n'aimait ni les compliments ni les civilités mondaines, mais il montrait dans ses manières une douceur et un charme irrésistibles qui lui gagnaient tous les cœurs.

Le Père Huby, son directeur, était riche en pieuses industries pour la gloire de Dieu et le salut des âmes, et c'est M. de Kerlivio qui les mettait à exécution. N'avait-il pas pour cela son revenu de Pleumergat, et ce qui lui restait encore de la fortune de son père? On vit donc bientôt s'établir, dans le diocèse, la congrégation de Notre-Dame, la confrérie du Saint-Sacrement et celle du Rosaire. On y joignit des petites retraites d'un et de trois mois, et les recteurs furent invités à bien instruire les enfants et à choisir parmi eux ceux qui, par leur intelligence et leur bon naturel, pouvaient être désignés pour la cléricature. Son zèle embrassait tout, même les questions les plus importantes de la vie sociale, et il avait tracé le plan d'une association d'ecclésiastiques et de pieux laïques influents, pour accommoder les différends, réconcilier les ennemis et faire cesser les scandales et les désordres publics.

Mgr de Rosmadec ayant été transféré à Tours, son successeur enleva à M. de Kerlivio les charges et dignités qu'il occupait dans le diocèse, et cela publiquement et d'une manière humiliante. Le bon prêtre ne continua pas moins ses œuvres de zèle et de piété, sans s'occuper de ses disgrâces qu'il n'avait pas méritées. Cela lui donna même le loisir de venir en aide à Mlle de Francheville, dans son projet de fonder aussi une maison de retraites pour les femmes. Quand l'Evêque, qui voyait en lui *un homme allant droit dans les affaires et ne cherchant que l'intérêt de Dieu,* l'eût rétabli dans ses fonctions, il repoussa les conseils de ceux qui le dissuadaient de s'engager de nouveau dans ces embarras, et reprit simplement ses travaux de grand vicaire, avec le même zèle et le même dévouement. Il avait encore plusieurs projets en tête ; mais Dieu trouva qu'il avait assez travaillé pour sa gloire, et le 21 mars 1685, après une cruelle maladie et des souffrances atroces endurées avec une admirable résignation, M. de Kerlivio rendit sa belle âme à Dieu à l'âge de 63 ans. Ses dernières paroles avaient été : « *C'en est fait ; je m'en vais, Dieu soit béni.* » Tous les assistants fondaient en larmes, et le lendemain le diocèse apprit que le plus saint prêtre de Bretagne était mort ! Il fallut arracher son cadavre à la multitude des fidèles qui ne voulaient pas s'en séparer, et l'enterrer à la dérobée dans un des caveaux de la chapelle des jésuites. Son tombeau a été longtemps visité par la piété des pèlerins, et bien des grâces signalées ont été obtenues par sa puissante intervention.

Nous ne voulons pas séparer de cette vie admirable, celle de Mlle de Francheville, qui rivalisa de zèle et de charité avec M. de Kerlivio, et fut sa coopératrice dans l'œuvre des Retraites.

Catherine de Francheville naquit sur la paroisse de Sarzeau, en la presqu'île de Rhuis, le 21 septembre 1620. Sa famille, d'origine anglaise, était venue en France, à la suite d'Isabeau d'Ecosse. Elle avait occupé de hauts emplois dans la magistrature ainsi que dans l'armée, et compté dans ses rangs un Evêque et deux Abbés. La jeune Catherine montra, dès sa plus tendre enfance, d'admirables dispositions naturelles qui ne le cédaient qu'aux qualités de son cœur. Pieuse et modeste, elle était compatissante pour les pauvres, et regardait comme son plus grand bonheur d'être chargée de leur donner l'aumône.

Comme M. de Kerlivio, elle avait aussi paru dans le monde, avec tous les charmes et les avantages d'une éducation distinguée et de la noblesse de sa famille. A la mort de ses parents, elle passa quatre ans chez son frère, qui lui fit agréer les recherches du doyen des conseillers du Parlement. Elle se rendait à Rennes pour conclure cette affaire, quand elle se rencontra dans la rue avec le cortège funèbre de ce jeune magistrat. Ce fut pour elle comme le coup de la grâce et un avertissement du ciel. Dès ce jour elle renonça à tous les établissements du monde.

De retour à Vannes, Mlle de Francheville s'attacha à une jeune veuve de cette ville, qui s'occupait d'œuvres de charité et surtout de la visite des prisonniers, des pauvres malades et des agonisants. Le spectacle de tant de misères lui inspira de sérieuses réflexions, et à la suite d'un sermon qu'elle venait d'entendre, elle se coupa elle-même les cheveux, pour n'être plus tentée de retourner à la vie mondaine. « *J'ai confiance*, dit-elle, *en Dieu, qui soutient les faibles.* » Les églises héritèrent de ses bijoux, et ses plus beaux habits servirent à l'ornementation et au décor des autels.

Son frère lui ayant laissé quatre mille livres de

revenus, Mlle de Francheville les consacra au soulagement des pauvres, et pour en distraire le moins possible, elle se choisit une modeste chambre avec un ameublement des plus simples. Malgré ses nombreuses relations, tant dans la ville que les campagnes environnantes, elle refusait toutes les visites, à part celle de ses frères qu'elle recevait quatre fois l'an. Cependant ils se présentaient souvent pour la voir, et son affection pour eux était tendre et sincère. Ce n'était là qu'une partie de ses privations ; mais c'étaient peut-être les plus sensibles à son cœur. Son genre de vie avec ses domestiques était aussi réglé que celui des religieuses dans leurs couvents.

Ses austérités étaient tellement grandes, que son confesseur dut plus d'une fois en modérer les excès. Pour se mortifier davantage, elle faisait manger dans son assiette le pauvre le plus rébutant qu'elle rencontrait. Quand le Saint-Sacrement était exposé, elle passait toute l'après-midi en adoration, les genoux nus sur le pavé de l'église, et le premier jour du mois on la voyait faire à pied le pèlerinage de Sainte-Anne d'Auray, à quatre lieues de Vannes. Son bonheur était de confectionner des ornements pour les églises, et le soir, de distribuer aux pauvres tout ce qui restait de nourriture dans sa maison. Souvent même, quand les provisions ne suffisaient pas, elle donnait son propre repas pour contenter ces malheureux. C'est à cette occasion que son directeur lui imposa l'obligation de dîner elle-même, avant de commencer ses distributions ; mais il fallait toute son obéissance pour se soumettre à cet ordre, qui la contrariait beaucoup. Elle recherchait surtout les pauvres honteux, prévenait leurs demandes et donnait par mois un écu à celui-ci, à un autre une somme plus forte, ou bien des pièces d'étoffes pour se faire des habits, et payait les pensions des petites orphelines jusqu'à ce qu'elles fussent à même de gagner leur vie par le travail. Elle dotait même des jeunes filles sans naissance, pour les marier convenablement à des ouvriers honnêtes et laborieux ; et plus d'une fois vint au secours de jeunes gens de condition, pour les élever d'une manière conforme à leur rang. Un grand nombre de jeunes bretons, appartenant à de bonnes familles, lui durent ainsi leur éducation, et plusieurs d'entre eux ont fourni à l'Eglise des ministres d'une véritable distinction.

Comment cette pieuse fille pouvait-elle suffire à tant d'œuvres avec quatre mille livres de rentes? C'est le secret de Dieu, les hommes ayant toujours ignoré l'origine de tous ces bienfaits.

A ce caractère de piété et de charité, il faut joindre une fermeté et une constance de résolution incroyable. Mlle de Francheville n'entreprenait rien qu'après y avoir mûrement réfléchi et consulté le ciel par ses prières ; mais une fois sa détermination prise, elle y tenait obstinément, surtout quand il s'agissait de la gloire de Dieu et du salut des âmes. Emue de pitié pour un pauvre jésuite qui voulait bâtir une chapelle, sans autres ressources qu'un méchant cheval pour en charroyer les matériaux, elle admira sa constance et lui donna une somme chaque année, pour mener son œuvre à bonne fin ; et lorsque quelques hommes montraient la même fermeté pour travailler au salut de leur âme, elle payait leur pension à la maison de retraites, afin qu'ils pussent profiter de ces bienfaits spirituels.

C'est en étudiant tout le bien que les retraites faisaient à ces malheureux pécheurs, qu'il lui vint l'idée de fonder une maison semblable pour les femmes. Son directeur ayant approuvé son projet, elle partagea les étages de sa demeure en plusieurs chambres, pour y loger un certain nombre de femmes qui y venaient seulement pour coucher et manger, le reste de leur temps devant se passer à l'église paroissiale. C'était sommaire, comme on le voit, mais il faut un commencement à tout. Il va sans dire que Mlle de Francheville en faisait tous les frais ; et contre son attente, cette délicate attention en éloigna une certaine classe de la société, celle qui avait peut-être le plus besoin de ces exercices, parce que ces personnes n'entendaient pas être logées et nourries gratuitement. Pour parer à cet inconvénient, elle loua une maison hors de la ville, près la chapelle des Pères Jésuites, et y fit nommer une économe, chargée de la subsistance et des autres frais d'entretien. L'œuvre était fondée ; mais plusieurs la trouvèrent mauvaise, et l'Evêque, croyant donner raison à tout le monde, proposa de bâtir, dans l'intérieur d'une communauté, une maison où les Dames pourraient se retirer, sous la direction des religieuses. Le couvent des Ursulines eut la préférence du choix, et M. de Kerlivio, qui avait dressé le plan de cet établissement, put en bénir la première pierre, le 20 mai 1671. On y travailla avec tant de diligence, que le tout fut terminé et meublé au printemps de l'année suivante.

Pour ne pas interrompre les exercices de la retraite déjà commencés, Mlle de Francheville obtint de l'Evêque l'autorisation de les continuer, dans une maison particulière qu'elle loua auprès de Vannes. Il s'y réunit plus de cinquante personnes, et les fruits de cette retraite furent si abondants, que plusieurs des personnes qui la suivirent embrassèrent la vie religieuse. L'exemple du bien est aussi parfois contagieux, et les diocèses voisins demandèrent des retraites pareilles. Ce fut partout le même succès avec la même affluence. Celle du Quillio, en particulier, fut si nombreuse, qu'on ne savait où loger les personnes qui s'y présentèrent.

L'établissement construit dans l'intérieur de

la clôture des Ursulines, quoique marchant trop lentement au gré de Mlle de Francheville, touchait cependant à sa fin et les exercices s'y continuèrent pendant neuf mois ; mais le nouvel évêque de Vannes, Mgr de Vautorte, trouva inconvenant de loger des laïques, après tout, dans un établissement cloîtré. Les Ursulines, qui avaient agi de bonne foi, consentirent à faire l'acquisition de cette maison, et le prix en fut remboursé à la pieuse fondatrice, qui s'engagea à en bâtir une nouvelle ailleurs. Elle acheta le nouveau séminaire, qui n'était pas tout à fait achevé, et dont l'emplacement ne convenait guère à l'autorité ecclésiastique. « Nous l'achèverons, dit-elle, et le meublerons convenablement, puis les clercs y entreront après nous. » C'est ce qui eut lieu en effet. On y fit cependant provisoirement les exercices de la retraite, et M. de Kerlivio en fut nommé le directeur. C'est alors que parut à Vannes Mme du Houx, qui décida Mlle de Francheville à se consacrer elle-même aux soins des retraitantes, dans cette maison désormais assurée. Telle a été l'origine de la vocation de tant de personnes pieuses, qui ont depuis embrassé la vie religieuse, se proposant le même but avec l'éducation des enfants. C'est en se dévouant nuit et jour à ces pénibles travaux, qu'elles continuent depuis, à rendre tant de services aux pays qui ont le bonheur de les posséder.

M¹¹ᵉ de Francheville, n'écoutant que la voix de Dieu, embrassa sérieusement sa nouvelle mission, et Dieu attacha tant de grâces à sa parole, que ses pieux entretiens faisaient plus de bien aux âmes que les sermons des meilleurs prédicateurs. A la fin de son bail, qui n'était que de cinq ans, la pieuse fille qui avait dépensé sans compter, se trouva dans un grand embarras, pour bâtir une nouvelle maison. Elle ne sortit de cette épreuve inattendue que par la générosité de ses frères, qui lui procurèrent l'argent nécessaire. C'est sur la paroisse de Saint-Salomon que fut bâti ce nouvel établissement, qui est devenu définitivement la Maison de retraites, et a servi de modèle à tous les autres établissements du même genre. Cette maison pouvait contenir quatre cents retraitantes, et ce chiffre fut dépassé dès la première année, à la Pentecôte 1672.

Heureuse de voir son œuvre couronnée d'un pareil succès, M¹¹ᵉ de Francheville, toujours en activité, jeta les yeux sur la maison des hommes, qu'elle trouva insuffisante. Inutile de s'adresser désormais à ses frères, qui avaient fait tant de sacrifices pour elle. C'est à l'Evêque de Périgueux, son neveu, qu'elle eut recours pour cette dépense. Ce prélat donna une somme importante pour l'agrandissement de cette maison, et ajouta une autre somme pour doter l'aumônier et le prédicateur des retraites. M¹¹ᵉ de Francheville avait demandé tout cela, et elle arrivait toujours à ses fins sans que rien l'arrêtât. « *Laissons la courir à pas de géant vers l'éternité,* disait le Père Huby. »

Dès que la fièvre de ses œuvres, qui demandait une activité au-dessus des forces humaines, se fut un peu ralentie, cette autre fièvre qui la minait depuis tant d'années et que ses mortifications ne faisaient qu'augmenter, prit tellement le dessus que la pauvre fille se vit mourir. Le Père Huby, qui l'avait soutenue dans ses luttes, l'assista aussi à cette heure suprême ; et elle mourut saintement, comme elle avait vécu, le 23 mars 1689, à l'âge de soixante-neuf ans.

La mort de Mlle de Francheville causa un deuil général dans la Bretagne. Toutes les classes de la société, jusqu'aux petits enfants, la pleuraient à chaudes larmes. Son corps fut inhumé dans la chapelle de la retraite des femmes, où il a reposé jusqu'aux mauvais jours de la Révolution. On doit même dire que ses cendres vénérées n'ont été remuées depuis que par les prières de quelques retraitantes, qui sont venues y déposer les larmes de leur reconnaissance. Une propriété, un peu écartée de la ville de Vannes, a servi à la reprise des retraites, et, par un échange plus ou moins heureux, le Séminaire diocésain a remplacé une fois de plus la maison de la Retraite.

Le Père Huby, qui avait été pour les retraites ce que fut le P. Maunoir pour les missions, ne survécut que de quelques années, quatre ans à peine, à M. de Kerlivio et à M*lle* de Francheville, ces deux saintes âmes qui avaient exécuté et parfois devancé ses pieuses inspirations. Dans ce siècle de régénération religieuse, il contribua beaucoup au bien des âmes, et mérite sous ce rapport une mention spéciale. Toutes ses pieuses inventions ne pouvaient prendre racine, cela se conçoit facilement ; mais l'homme qui s'en va semer son champ, jette un peu partout le froment de son grenier, et les oiseaux du ciel prélèvent un peu leur part, sans trop nuire à la récolte future. Il en tombe assez encore pour la moisson prochaine. Les retraites sont donc restées et resteront toujours, on doit l'espérer du dévouement de tant de femmes généreuses qui marchent si bien sur les traces de leur pieuse fondatrice. C'est déjà un fruit bien beau. Il en est un autre qu'on peut encore attribuer au Père Huby, c'est l'usage d'exposer un peu partout, au chevet des églises, à l'entrée des propriétés, au-dessus des fontaines et jusqu'aux angles des rues, des statues de la Sainte Vierge. Les enfants s'arrêtaient pour chanter des cantiques devant ces pieuses images, et les ménestrels, si communs dans notre pays, y jouaient leurs plus beaux airs en se découvrant dévotement. Ainsi encore les *pifferari* ont conservé l'usage, en Italie, de ne jamais passer devant ces madones vénérées, sans jouer leurs plus beaux morceaux. A ces pieux usages, le Père ajoutait encore la distribution des images avec des sentences, et de petits livrets propres à inspirer de bonne heure la dévotion envers la Sainte Vierge.

Les prêtres avaient une très grande part dans la sollicitude du Père Huby. « *Les gagner à Dieu, disait-il, ou les raffermir dans l'amour de leurs devoirs, c'est le plus grand service à rendre à l'Eglise et au peuple; car le prêtre doit toujours parler à Dieu par le peuple, et parler de Dieu au peuple.* » Son zèle dans les retraites ne connaissait pas de bornes, et il pouvait encore diriger un grand nombre de communautés religieuses. Il trouvait le temps de prêcher dans toutes les églises, et il le faisait avec une force extraordinaire, puis entretenait une longue correspondance avec tous les évêques de la province et rédigeait une foule d'ouvrages de piété, justement estimés par les personnes dévotes. Il composait un livre intitulé : *Des motifs d'aimer Dieu,* quand il tomba malade, le 17 mars 1693. Il mourut trois jours après, âgé de 83 ans et son corps fut enseveli dans le caveau de la chapelle des Pères Jésuites à Vannes. Son portrait, celui de M. de Kerlivio et celui de Mlle de Francheville, sont exposés dans le salon d'honneur de la maison de la Retraite à Lannion. On les doit à une des religieuses de cette congrégation, dont la modestie surpasse encore le merveilleux talent. C'est pour cela que nous nous sommes appuyé un peu longuement sur ces trois personnages, qui ont joué un rôle si important dans l'œuvre de la régénération religieuse de cette époque. C'est notre seule excuse, ce sera aussi, je l'espère, notre meilleure recommandation auprès de tous les prêtres qui, chaque année, se dévouent à cette œuvre admirable des retraites, dans notre belle et importante maison de Crec'havel.

§ XVII. — Autres établissements pour l'éducation des enfants.

Nous avons vu les religieuses Ursulines introduites dans notre pays, à la suite des missions, pour instruire gratuitement les enfants du peuple. Celles de leurs maisons qui se sont rétablies depuis la Révolution, continuent leur mission déjà séculaire et rendent encore d'immenses services à la jeunesse. Ces religieuses n'étaient pas cependant assez nombreuses, eu égard aux petites filles de nos campagnes, et on réclamait d'autres sœurs pour les instruire. Mgr Grangier, dont le zèle suffisait à tout, eut l'idée de procurer à son diocèse d'autres filles qui se fixeraient dans les gros bourgs et les hameaux éloignés, pour faire la classe à ces enfants. Il y avait, à cette époque, à Paris, une institution de ce genre, qui avait pris naissance quelques années auparavant, dans une toute petite ville de la Picardie. Des pieuses jeunes filles s'y étaient associées, pour se consacrer à l'instruction chrétienne de la jeunesse. Elles se donnèrent une supérieure et choisirent saint François de Sales pour patron. Saint Vincent de Paul leur donna une règle et le nom de Sœurs de la Croix. La Picardie ayant été ravagée pendant la guerre, elles se réfugièrent à Paris, et c'est là que Mgr Grangier alla les chercher pour les faire venir à Tréguier, en 1667. Elles y vinrent sous la conduite de sœur Hélène Vorès, religieuse d'une grande distinction, qui leur bâtit une maison, dans un site ravissant, au-dessus du beau port de Tréguier, en face de la côte si boisée de Trédarzec et de Kerhir. Quelques années après, elle fonda une autre communauté à Saint-Brieuc, aujourd'hui occupée par les dames du Refuge de Montbareil, et le grand sculpteur Corlay leur fit un magnifique autel, admiré dans la cathédrale, sous le nom d'autel du Saint-Sacrement. Elle mourut cinq ans après, et fut remplacée par une supérieure du pays. Les Sœurs de la Croix ont survécu à la période révolutionnaire, et continuent de se consacrer à l'éducation des jeunes filles, tout en s'occupant des retraites pour les personnes du monde. Après bien des épreuves, elles ont pu reprendre leur couvent de Tréguier, aujourd'hui presque rebâti à neuf, et leurs établissements de Guingamp, Loudéac, Merdrignac, Magoar, Plestin et Brest sont toujours prospères. On remarque, en général, que les pays où elles se sont établies, ont été complètement transformés par la pieuse éducation qu'elles ont donnée aux jeunes filles, devenues plus tard mères de famille. Les Etats-Unis, qui ont reçu une succursale de la maison de Tréguier, il y a quarante ans, commencent à se ressentir du bienfait de leur présence, et ces vastes campagnes du Missisipi, le Meschacébé de Châteaubriand, rivaliseront bientôt avec les régions les plus privilégiées de la Bretagne (1).

A Tréguier, les Sœurs de la Croix ont eu pour supérieure la sœur Marie de Jésus, de la famille de Fleuriot de l'Angle, petite nièce de l'infortuné compagnon de Lapérouse. Leur premier aumônier a été le savant abbé de Keroignant, docteur de la Sorbonne, qui avait soutenu une thèse remarquable sur la langue hébraïque. Leurs retraites ont eu un grand retentissement dans le temps, et continuent de produire d'excellents fruits de salut.

Presque dans le même temps, Mme du Parc de Kerverzault fondait, à Tréguier même, la congrégation des Religieuses de Saint-Paul, connues sous le nom de Paulines. C'était la veuve d'un

---

(1) La pieuse fondatrice de cette importante mission, la Mère Saint-Hyacinthe Le Conniat, de retour en Bretagne, célébrait jeudi 10 juillet 1890, à Lambézellec, sa cinquantième année de profession. Monseigneur Lamarche a prononcé un très beau discours à cette occasion.

chevalier de Saint-Louis, très liée avec Mme de Maintenon, qui lui donna son portrait. Elle avait un très bel hôtel, qui occupait tout l'espace compris entre la rue Colvestre et la ruelle du Séminaire. Désirant faire quelque chose pour l'instruction des petites filles de la campagne, elle réunit autour d'elle plusieurs jeunes personnes des meilleures familles de la ville, et leur donna une constitution que nous avons encore. Tout y est bien réglé, et chacun des chapitres commence par un texte pris dans les épîtres de saint Paul. Mgr Jégou de Kerlivio, évêque de Tréguier, en approuva la rédaction. Ce prélat, trop attaché au jansénisme, y infusa un peu de son esprit rigoriste, triste fruit de l'éducation de cette époque. C'est sous la même inspiration qu'il fit imprimer, en même temps, la constitution des Sœurs de la Croix.

Le but des Religieuses Paulines était donc de faire la classe aux petites filles pauvres, de visiter les malades à domicile et de tenir les bureaux de charité. Elles s'étendirent assez rapidement un peu partout dans le diocèse, et ne tardèrent pas à recruter de nouvelles compagnes. Nous n'avons pas sous la main l'histoire détaillée de cette congrégation, et comme elles n'allaient que deux ensemble, trois tout au plus, on n'a pas gardé le souvenir de leurs maisons, de peu d'apparence généralement. Celle de Pédernec est cependant très belle, aussi bien que leur maison de Pontrieux. Ce sont d'ailleurs les seules que nous connaissions.. Quintin leur confia son hôpital. Elles y ont fait beaucoup de bien et l'ont gardé jusqu'à la Révolution. Ce qui prouve que leur nombre devait être considérable, c'est l'importance de leur maison générale à Tréguier. Le collège s'y est tenu pendant dix ans, à partir de 1760, et aujourd'hui ce sont les Ursulines qui l'occupent, mais le peuple l'appelle toujours *ar bolineset*, les Paulines neuves. Cette congrégation n'ayant pas pu se rallier après la Révolution, a été remplacée par trois autres qui poursuivent le même but dans le diocèse.

A la suite des Paulines, se sont fondées plusieurs autres congrégations enseignantes dans toute la Bretagne ; nous ne devons nous occuper que de celles qui ont plus ou moins directement des rapports avec notre pays. On verra, du moins, que ce n'est pas d'aujourd'hui que l'on s'occupe de l'éducation des enfants.

Le bienheureux Grignon de Monfort avait d'abord fondé les Filles de la Sagesse pour desservir les hôpitaux, mais ces pieuses filles ne tardèrent pas à étendre leurs soins aux enfants qui manquaient d'instruction, et leurs écoles sont restées justement célèbres. Il en fut ainsi des Sœurs de saint Vincent de Paul, qui ont aussi créé des maisons d'éducation dignes des plus grands éloges. Nous ne pouvons pas plus pour elles que pour les Paulines donner une liste, même incomplète, de leurs établissements. Il devait cependant y en avoir un grand nombre dans le pays, puisque le village de Saint-Antoine, en Tressignaux, avait une école des Filles de la Sagesse, fondée par M. Le Friec, le *tad mad* de cette paroisse.

Les dames Budes, du nom de leur fondatrice à Rennes, nièce du célèbre maréchal de Guébriant, s'occupèrent également de l'éducation des jeunes filles, et des retraites pour les personnes du monde. Elles sont connues aussi sous le nom de Filles de la Sainte Vierge, et ont prospéré jusqu'à la Révolution. Après bien des épreuves, leur maison a repris ses mêmes œuvres de zèle dans un autre quartier de la ville.

A Fougères, une jeune fille du Perche, ayant réuni autour d'elle quelques compagnes pieuses comme elle, se livra avec beaucoup d'ardeur à l'éducation des petites filles qu'elle ramassait sur la rue et dans les chemins. Leur maison, établie au faubourg Saint-Léonard, a rendu de grands services dans cette partie du diocèse de Rennes. Elle a été remplacée de nos jours par les *Sœurs Adoratrices de la justice Divine,* qui poursuivent le même but.

Morlaix vit éclore, à la même époque, en un endroit appelé *Crec'h-Joly,* une petite association de filles du Tiers Ordre de saint Dominique. Elles ne s'occupaient que de l'enseignement des enfants de la ville, et des petites filles de Ploujean. Ce sont peut-être les premières religieuses non cloîtrées qui aient porté un costume uniforme. Morlaix leur doit beaucoup, bien qu'elle en ait peut-être perdu le souvenir. Elles se sont, comme les autres, perdues dans le gouffre de la Révolution, ce gouffre qui, comme celui de Maëlstrum, sur les côtes de Norwège, attire dans ses abîmes tout ce qui passe dans son affreux voisinage.

A Saint-Malo, s'était formée une autre congrégation pour l'éducation des petites filles pauvres. Elles portaient le nom de *Sœurs de la Passion*, et ont rendu les plus grands services dans cette ville, plus riche en grands hommes qu'en écoles chrétiennes. Celles qui les remplacent aujourd'hui, sont de fondation récente et rappellent une des gloires de Saint-Malo, un des plus grands noms de Bretagne, l'homme qui a le plus fait pour l'enseignement dans notre pays, l'abbé Jean-Marie de la Mennais.

Brest, cette autre ville toute maritime, eut aussi ses *petites Filles de l'Union chrétienne*, congrégation fondée à Charonne, près de Paris, par Anne de la Croze, pour l'instruction des filles et des femmes protestantes qui revenaient à la foi catholique.

Au milieu du xviie siècle, dans une petite chaumière du bourg de Plérin, près Saint-Brieuc, naissait un enfant destiné par la Providence à continuer les missions du Père Maunoir. Par ses prédications et ses écrits, il fut une des gloires du pays, et par la Congrégation des Filles du Saint-Esprit, qui se fonda sous sa direction, il assurait aux familles bretonnes les bienfaits d'une éducation chrétienne et distinguée. Nous avons nommé M. Leuduger, prédicateur remarquable, homme d'une grande science et d'une sainteté de vie extraordinaire.

Après de rapides progrès dans l'école presbytérale de son hameau et au collège de Saint-Brieuc, le jeune Leuduger fut envoyé à la maison des jésuites à Rennes, où il fit sa rhétorique et termina sa philosophie avant la fin de sa seizième année. Après s'être occupé de l'éducation de quelques jeunes gens de la ville, il voulut se faire religieux et entra chez les Prémontrés de Beauport. Il n'y resta que peu de mois et prit le bâton de pèlerin pour aller prier sur le tombeau des Apôtres. Il poussa même jusqu'à Naples et fut témoin du miracle de saint Janvier. C'est la liquéfaction du sang de ce martyr du IIIe siècle, qui a lieu tous les ans, le jour de sa fête. En revenant dans son pays, toujours à pied et en mendiant, le jeune pèlerin visita le Mont Saint-Michel, cette merveille du Nord, et surprit beaucoup ses parents, qu'il n'avait pas informé de son voyage.

Il ne passa que peu de jours au milieu d'eux et repartit pour Rennes, afin de faire ses études théologiques et se préparer aux ordres sacrés. Il revint à Saint-Brieuc et pria son évêque de l'admettre dans son séminaire qui venait d'être fondé. Le saint prélat le reçut avec joie, et il fut le premier étudiant dans cette maison, qui depuis a abrité tant de dignes ecclésiastiques. Il s'y distingua par ses talents, sa science profonde et ses éminentes vertus, et y reçut la tonsure et les ordres majeurs. Pour la prêtrise, il dut se rendre à Tréguier, où Mgr le Sénéchal de Kercado l'ordonna en 1674.

Le nouveau prêtre commença son ministère par faire le catéchisme aux plus petits enfants. Il leur apprenait aussi à lire et à écrire, dans quelques écoles bien primitives sans doute, où il se rendait lui-même à certaines heures marquées de la journée. Pendant ce temps, M. Leuduger prêchait la Station du carême dans trois des plus importantes paroisses du pays, Langueux, Cesson et Ploufragan. Sa belle prestance, sa science bien connue, sa piété qui ne l'était pas moins, sa voix puissante donnaient à ses prédications un accent irrésistible. Avec cet admirable talent et sous l'attrait de l'inspiration divine, il reprit pour ainsi dire les missions du P. Maunoir qui touchaient à leur fin. C'est par Lanvollon qu'il débuta dans ce ministère, où il brilla avec tant d'éclat. Le jeune prêtre desservait la chapelle du Saint-Sépulcre dans sa paroisse natale. Après y avoir dit la messe le dimanche matin, il exhorta les assistants à le suivre ; puis quitta sa chaussure et se rendit nu-pieds avec eux, jusqu'à cette petite ville de l'Evêché de Dol, située à près de quatre lieues de là. Tout le long de la route, cette pieuse caravane chantait des psaumes et des cantiques spirituels et les populations attirées d'abord par la curiosité, se joignaient à elle pour se rendre aussi à la mission. La ville de Lanvollon, si tranquille d'ordinaire, fut émue à ce spectacle touchant, et se porta au devant de ces fervents pèlerins. Cette mission, où M. Leuduger fut secondé par les prêtres du pays, eut un succès immense dont le souvenir n'est point encore effacé.

Tout engageait le jeune missionnaire à persévérer dans cette voie ; mais ne voulant rien entreprendre par lui-même, il crut devoir consulter auparavant le Père Huby. Après plusieurs entretiens avec le célèbre jésuite, M. Leuduger prit son parti et se décida à entreprendre les missions dans les paroisses rurales, son humilité lui faisant croire qu'il n'était pas à même de réussir dans les villes. Cette œuvre marchait très bien, quand la mort de Mgr de la Barde vint la suspendre quelque temps. Le nouvel évêque, Mgr de Coëtlogon, préféra voir le jeune apôtre dans le ministère paroissial, et le nomma recteur de Plouguenast, un des postes les plus importants de son diocèse. Il pleura beaucoup ses missions et le vénérable évêque qui les avait tant favorisées en y travaillant lui-même avec une ardeur incroyable. *« Le premier à l'église, ce pontife blanc comme un cygne, venait s'asseoir sur un banc qui lui servait de confessionnal, écoutait avec une bonté et une douceur admirables tous ceux qui se présentaient à son tribunal, et travaillait toute la journée comme le plus jeune et le plus robuste de ses prêtres. »*

M. Leuduger déploya dans sa nouvelle paroisse tout ce qu'il avait de zèle et de talents, et réussit même à y établir une petite association de filles pauvres et pieuses, pour se consacrer à l'éducation des enfants et au soulagement des malades. Les pauvres surtout furent l'objet de tous ses soins, et il décida plusieurs seigneurs du voisinage à leur venir en aide. Lui-même leur préparait des lits, distribuait des draps et se dépouillait souvent de son linge pour le leur donner. Comme sa pieuse mère lui faisait souvent des remontrances sur sa trop grande prodigalité : *« Bon, bon, ma pauvre mère, pour deux ou trois jours que nous avons à vivre,* disait-il, *n'aurons-nous pas du bien assez ! »*

Le Père Maunoir et ses missionnaires étant venus à Moncontour, en 1678, le recteur de Plouguenast s'y rendit aussi pour voir l'illustre apôtre breton, et prendre part aux travaux de la mission, mais il se contenta de confesser. L'année suivante il les suivit encore à Lamballe et prêcha cette fois avec tant de distinction et de talent, qu'il fut regardé par tout le monde comme un missionnaire parfait. Tout, en effet, comme nous l'avons dit, séduisait dans sa personne : sa piété, la force et l'harmonie de sa voix, son accent pathétique, la simplicité et la justesse de ses discours. Aussi, dès ce jour-là, se vit-il appelé à toutes les missions, et le plus souvent c'est lui-même qui en avait la direction. Le peuple accourait à ses sermons, et plusieurs ecclésiastiques des diocèses voisins venaient le prier de leur permettre de suivre tous ces exercices et de travailler avec lui. C'était donc comme le retour des beaux jours du Père Maunoir. M. Leuduger prêchait avec tant de force et d'onction, que les prêtres interrompaient les confessions pour l'écouter, et pleurer eux-mêmes avec l'auditoire tout en larmes.

Cette première campagne fut donc bien belle et bien consolante. Pour récompenser les compagnons de ses travaux et leur procurer quelques jours de repos, M. Leuduger leur persuada de le suivre, pour faire une retraite à Vannes, sous la direction du Père Huby. Il s'y rendit à la tête d'une trentaine de prêtres, qu'il fit voyager à peu près à ses frais, et tous furent si émerveillés des fruits de leur retraite, qu'ils prirent l'engagement de s'y rendre tous les ans, pieuse habitude que quelques-uns ont conservée jusqu'à leur mort.

Plouguenast ne devait pas conserver longtemps

cet excellent recteur, et tous le pleurèrent amèrement, quand on le vit partir pour Moncontour, où son évêque venait de le nommer. Pour répondre à leurs larmes, il donna aux pauvres son mobilier et tout ce qu'il possédait d'argent. Il bénit ensuite ses paroissiens qui le suivaient toujours, et promit de les revoir souvent.

Pendant la mission de Moncontour, il s'y était établi des œuvres qui languissaient déjà. Le nouveau pasteur les ranima par son zèle et sa charité. L'hôpital, confié aux Dames de Saint-Thomas de Villeneuve, fut augmenté dans le but de servir aussi de maison de retraite pour les personnes du monde. La Révolution l'a respecté et ces pieux exercices n'y ont point été interrompus. Aujourd'hui encore, ils continuent avec la même régularité et un succès toujours croissant.

Moncontour ne garda M. Leuduger que six ans. L'Evêque de Saint-Brieuc, appréciant son mérite, le nomma au chapitre de sa cathédrale, avec la dignité de scolastique. Cet emploi ne pouvant, d'après les lois de l'Eglise, être exercé que par un prêtre gradué, le nouveau chanoine dut passer quelque temps à Nantes, où il y avait une Université catholique. Il étudia avec beaucoup d'ardeur, et par ordre de son Evêque poussa ses études jusqu'au doctorat. Sa thèse fut soutenue d'une manière très brillante, ce qui le plaça aussitôt presque à la tête du clergé diocésain. Maintenant il pouvait se livrer entièrement à son goût si prononcé pour les missions ; mais sans vouloir rien changer à sa manière de vivre, défendant absolument à ses compagnons de faire la moindre allusion à la dignité de chanoine et au titre de docteur qu'il venait de conquérir avec tant de distinction.

M. Leuduger rêvait toujours aux missions étrangères et il se rendit dans ce but à leur séminaire, priant les directeurs de le recevoir dans leur congrégation. On comprend avec quel empressement il fut agréé ; mais son Evêque n'ayant pas voulu accorder les autorisations nécessaires, l'humble prêtre se soumit et revint à ses chères missions rurales. Il y avait encore beaucoup de bien à faire à ces braves gens de la campagne, où bien des vices déshonoraient leur foi vive et ardente. C'est pour les combattre que le pieux chanoine composa un ouvrage resté célèbre et connu sous le nom de *Bouquet de la mission*, qui a même été traduit dans la langue bretonne.

Les missions de M. Leuduger produisirent les plus grands fruits de salut. Des personnes instruites qui l'avaient souvent entendu, avouaient « qu'il ne disait que des choses fort communes, que d'autres prédicateurs avaient parlé en leur présence avec plus d'éloquence et de distinction, mais qu'elles n'avaient jamais été touchées comme elles l'étaient par les discours du saint prêtre et leur énergique simplicité, et qu'on voyait bien que Dieu parlait par sa bouche. » C'est à peu près l'éloge que M. de Meur faisait du P. Maunoir.

Dès qu'on annonça que ce grand prédicateur devait donner une mission à Tréguier, et qu'il avait surtout le don d'arracher des larmes à son auditoire, quelques dames un peu mondaines de cette ville, bien pieuse cependant, prirent entre elles l'engagement de se contraindre s'il le fallait, mais dans tous les cas, de ne pas pleurer. Elles assistèrent aux sermons et ne purent longtemps retenir leurs larmes. Comme les autres personnes qui n'avaient pris aucun engagement, ces dames se sentirent elles-mêmes attendries, enflammées, en un mot toutes changées, quoique l'orateur parlât d'une manière bien simple.

Parmi les exercices des missions de M. Leuduger, les dialogues surtout sont restés célèbres. Ils ont conservé longtemps leur vogue dans notre pays et quelques prêtres s'en servent encore aujourd'hui avec succès. C'est une conversation entre le prédicateur qui est en chaire, et un autre prêtre qui se place sur une estrade en face de lui, et qu'on appelle le *Fils*. Ce dernier représente le peuple peu instruit, fait des questions et pose des objections auxquelles le prédicateur ou le *Père* doit répondre victorieusement.

La charité du saint prêtre pour les pauvres était immense, comme nous l'avons dit. Pour continuer ses œuvres auprès de ces malheureux, toujours en si grand nombre, il s'adressa à quelques pieuses filles de Plérin, qui s'engageaient à leur porter des soins à domicile et à instruire les enfants de leur devoirs religieux. Plusieurs se rendirent à son invitation, et c'est à cette association si simple en apparence et si peu nombreuse dans le principe, que l'on doit la belle *Congrégation des Filles du Saint-Esprit,* qui rend tant de services à la Bretagne et compte aujourd'hui plus de quinze cents religieuses enseignantes ou hospitalières. Elles ont gardé le costume de Marie Balavoine, la première enrolée, qui donna sa maison pour être le berceau de cette congrégation, transférée depuis dans la ville épiscopale. Comme les Filles de Saint-Vincent, avec lesquelles les Sœurs du Saint-Esprit ont plus d'un rapport, elles n'ont pour voile que leur modestie, et pour règle unique l'amour des pauvres et des enfants.

Fondée sous l'épiscopat de Mgr de Boissieux, en 1706, la Congrégation des Sœurs Blanches ou Filles du Saint-Esprit, reçut l'approbation de Mgr de Montclus. Ce n'est cependant qu'en 1842 que Mgr Le Mée les fit venir à Saint-Brieuc, après leur avoir bâti une maison spacieuse et fort belle, où elles peuvent se réunir pour leurs retraites annuelles. Mgr David, prévoyant les difficultés de loi scolaire, a déterminé ces religieuses à subir les examens pour les brevets de l'enseignement primaire et supérieur.

Ce fut la dernière œuvre de M. Leuduger. Ses forces, épuisées par les travaux des missions, diminuaient de jour en jour, ce qui ne l'empêchait pas de diriger encore les Sœurs de la Croix et de donner des retraites à Moncontour. En même temps, il mettait la dernière main à la rédaction du catéchisme de Saint-Brieuc, qui a été en usage jusque dans ces dernières années.

Le Jubilé de 1721, donné à l'avènement de Benoit XIII sur le trône pontifical, ranima le zèle du vieux soldat des missions, sans pouvoir, hélas, augmenter ses forces. Il devait présider les exercices de ce jubilé dans la paroisse de Saint-Brandan, lorsqu'il se sentit atteint d'un refroidissement général. C'était la fin. Sa maladie dura peu. Après avoir enduré ses souffrances avec une admirable résignation, il remercia le doyen du chapitre, qui lui donnait l'hospitalité, et ne songea plus qu'à mourir. Il reçut les derniers sacrements de l'Eglise avec une foi et une piété qui arrachaient des larmes à tous les assistants, puis prononça les noms de *Jésus et de Marie*, fit le signe de la Croix et s'éteignit doucement, le 8 janvier 1722, à l'âge de soixante-douze ans. Son corps fut inhumé dans la cathédrale, en face de l'autel de Saint-Pierre. Sa mémoire est toujours restée en vénération, et il n'est personne qui ne le regarde comme un Saint. C'est le *Tad mad* de Saint-Brieuc, et cependant rien n'indique aujourd'hui le lieu de sa sépulture ! « Que notre siècle est heureux, s'écrie l'historien de sa vie, d'avoir un si grand exemple de zèle, de foi, de charité, de vertu, de courage ; et d'avoir été éclairé par cette lampe vivante des lumières célestes ! »

§ XVIII. — Influence des Missions — Confréries.

Après chaque mouvement social, il y a toujours une pensée qui reste. Elle est comme la quintessence des idées qui ont remué le monde. En Bretagne, les missions avaient suivi leur cours, converti un grand nombre d'âmes et semé dans les esprits des germes qui ne devaient pas rester stériles. Les retraites qui les ont suivies, quelquefois accompagnées, étaient bien de nature à en faire revivre les résultats heureux. Ce n'était pas cependant encore assez. Il fallait quelque chose de bien fondé, de permanent, de plus général même, et le besoin que l'on en éprouvait s'est traduit par des dévotions spéciales, des confréries ou associations pour le bien. Ces confréries, bien régularisées, ont remplacé elles-mêmes des dévotions isolées, souvent dégénérées par le malheur des temps et devenues, sous un certain rapport, des observances qui ressemblaient tant soit peu à la superstition. Nous trouvons, en visitant nos vieilles églises, des titres parfois lacérés, qu'on y a entassés comme inutiles. Ils contiennent les traces de certaines confréries, remontant quelquefois à une époque éloignée, mais le plus généralement au XVIIe siècle seulement. Presque toutes ces confréries avaient des chapelles, et M. de Kerdanet en compte plus de deux cent cinquante, au pays de Léon seulement. Une soixantaine de ces chapelles frairiennes avaient la Sainte Vierge pour patronne. Toutes ont été plus ou moins négligées, et aujourd'hui leur souvenir n'est guère consigné que sur les murs vieillis de ces sanctuaires abandonnés.

C'est ainsi que dernièrement, dans une de nos plus ravissantes églises, restaurée avec une intelligence parfaite par son digne recteur, nous voyions la voûte d'une chapelle latérale, peinte en bleu ciel parsemé de têtes de mort, entremêlées de larmes. Rien n'y a encore été touché et c'est miracle, car l'autel a besoin d'être rafraîchi. Heureusement qu'il y a dans le rétable un tableau qui n'est pas sans valeur, puis des statues peu proportionnées, aux traits vivants toutefois et recueillis, versant des larmes. Tout, en un mot, semble rappeler un autel des morts ; mais ce bleu ciel, c'est encore la vie, c'est un peu l'espérance, et une inscription, à moitié effacée, nous parle d'une confrérie des agonisants qui existait autrefois dans cette église. Quoi de plus touchant que le souvenir de la dernière lutte de l'homme avec la mort, dans cette église de Runan, où tout rappelle le mouvement, la vie, la piété de nos pères et le génie de l'homme ! Mais cette confrérie existait nécessairement dans un grand nombre d'autres églises, où le souvenir s'en est perdu, et au risque de passer pour un ami trop passionné de nos vieux usages, je dirai qu'elle devrait encore être rétablie. On en trouve du reste les traces dans les prescriptions de notre liturgie. On conseille de tinter les cloches lentement dans le beffroi, pendant l'agonie d'un chrétien mourant, muni des Sacrements de l'Eglise. C'était le signal donné aux pieux confrères d'aller le visiter, ou du moins de l'assister par leurs prières, et je ne trouve rien de plus touchant dans ce moment suprême.

Nous nous permettrons donc de dire un mot des *confréries,* et de ce qui nous en reste encore, sans craindre le reproche de dépasser les bornes de ce travail et les limites que nous nous étions proposées. Il y a des choses qu'il faut faire revivre pour montrer quelle a été la piété de nos pères et la ferveur des anciens bretons. M. l'abbé Garnier, ce grand agitateur catholique, si écouté de notre population ouvrière, dit quelque part : « *On forme tout d'abord une société ou une confrérie dont le nom varie, mais qui impose des obligations.* » Il cite ensuite un très grand nombre de confréries qui pourraient être installées avec succès, dans chacune de nos paroisses. Or, la plupart de ces institutions ont été créées, ou du moins rajeunies, pendant les missions du XVIIe siècle en Bretagne. Nous ne parlerons que de celles qui existaient encore à la fin du siècle dernier, à Lannion et dans les environs.

La *confrérie du Saint-Sacrement* était florissante à Lannion et dans tout le diocèse de Tréguier. Elle avait des revenus qui s'administraient par un conseil composé d'un président, d'un trésorier et d'un secrétaire, comme l'administration fabricienne de nos jours. On trouve dans les anciens titres, des champs ou des maisons sur lesquels on devait une redevance à cette confrérie. Il y a même à Lannion, à *Crec'htanet*, tout un petit quartier qui porte le nom de maisons du Sacrement, *tyer ar zakraman*, parce que le revenu en était affecté à l'entretien de la confrérie de ce nom. Ces revenus s'employaient à la décoration de l'autel, où se faisait l'exposition du Saint-Sacrement, et où se conservaient les saintes espèces. De plus les confrères veillaient dans l'église la nuit du jeudi au vendredi de la Semaine Sainte, et se chargeaient du luminaire et des décors de la chapelle appelée le *Paradis*. C'est encore à cette confrérie qu'incombait l'obligation de faire les reposoirs et de fournir à tous les frais de la procession de la Fête-Dieu. Ses membres se faisaient de plus une obligation de suivre cette procession dans tout son parcours, comme aussi d'accompagner la

Sainte Eucharistie, quand on la portait aux malades ; de tendre les rues et de semer des fleurs sur son passage. Comme cette pratique n'était pas cependant facile dans les villes et les paroisses populeuses, on se contentait d'assister le prêtre qui portait solennellement le Saint-Sacrement aux malades et infirmes, au jour indiqué pour le devoir pascal. A Lannion, on organisait une procession comme pour la Fête-Dieu, et c'est au son de toutes les cloches de la ville que s'accomplissait cette touchante cérémonie. Ce sont sans doute les derniers souvenirs de cette confrérie, que nous avons vue avec regret disparaître de nos pieux usages.

Parmi les devoirs spirituels, outre les visites du Saint-Sacrement les jours d'exposition spécialement, les confrères devaient assister à la grand'-messe, au moins un dimanche sur trois, et s'approcher des Sacrements le premier dimanche de chaque mois. De plus, ils faisaient une petite retraite de quelques jours, pendant lesquels on exposait le Saint-Sacrement sur l'autel de la Confrérie, pieuse coutume observée encore dans nos paroisses, dans les exercices si connus sous le nom d'adorations. Plus tard on a voulu remplacer ces dévotions, chères à nos ancêtres, par l'adoration diurne et même nocturne du Saint-Sacrement. Cette pratique, excellente assurément, offre trop de difficultés pour devenir générale. Sur le déclin du jour les personnes pieuses font encore une visite à l'église, et adorent, au moins un quart d'heure, le Sacrement de l'autel. Cette coutume déjà ancienne prendra bien dans l'esprit des personnes pieuses, et peut produire beaucoup de fruits de salut.

La Confrérie *du Rosaire* avait été établie quelques années avant les missions ; mais elle reçut, à cette époque d'effervescence religieuse, une force nouvelle et une recrudescence de piété qui ne s'est pas ralentie depuis. Dans les églises où elle a été fondée, on trouve toujours un autel spécial avec un tableau du Rosaire, une croix entourée d'un grand chapelet, et une statue de la Sainte Vierge qu'on portait en procession, après les vêpres, le premier dimanche du mois, au chant des Litanies. Cette Confrérie avait aussi ses administrateurs qui faisaient la quête, portaient la croix et récitaient le Rosaire en public, devant l'autel de la Vierge ou de la *Guerche*, comme on l'appelle à Saint-Brieuc. Les exhortations du grand Pape Léon XIII, et la récitation solennelle du chapelet tout le mois d'octobre, vont rajeunir cette dévotion, devenue en quelque sorte bretonne. Les biens de cette confrérie ont aussi été confisqués au profit des fabriques, mais la piété des fidèles ne s'est pas ralentie pour cela, et ses autels sont toujours très bien décorés dans nos églises. Lannion possède dans ses archives un compte-rendu des biens de la confrérie du Rosaire à la fin du XVIIe siècle.

Une autre confrérie, moins générale peut-être, avait son siège à Lannion, et paraissait particulière au pays, c'est celle des *Cinq Plaies*. Elle date réellement de l'époque des missions, et résumait en quelque sorte les prédications du P. Maunoir et de ses compagnons, pendant ces années de foi vive. Dans quelques paroisses, la Sainte Vierge a été associée à cette pieuse et touchante dévotion, parce qu'elle tient sur ses genoux le corps inanimé de son divin fils aux cinq plaies béantes. Telle est présentée Notre-Dame de Pitié, à Lannion, contre un pilier de l'église. Les enfants aiment à venir prier devant cette statue et à baiser les pieds du Sauveur, et les petites filles déposent dans la main de la Vierge une épingle, comme modeste offrande de leur piété naissante. C'est probablement à la même époque et à la dévotion de Notre-Dame de Pitié, qu'on doit la belle chapelle de Saint-Carré, en la paroisse de Lanvellec, dédiée sous ce vocable, et qui attire une foule immense pendant les fêtes de la Pentecôte. Bien des statues et même des oratoires à Notre-Dame des Sept Douleurs, ont la même origine.

A Servel, à côté des sept stations en chemin de la Croix du cimetière, il y avait un oratoire ou chapelle des *Cinq Plaies*, avec des peintures sur bois assez curieuses qui en formaient le lambris. Le tout a été démonté et conservé avec soin, pour être replacé dans la chapelle qui doit se

construire au côté nord de la nouvelle église. C'est une heureuse pensée, car cet oratoire rappelait tant de souvenirs, tant de pieuses larmes versées sur les souffrances de Notre Seigneur ! Une très belle source, qui semble provenir du plateau de Launay-Nevet, puissante seigneurie, dont dépendait même celle de Lannion, alimente une fontaine qu'on a aussi consacrée à la dévotion des *Cinq Plaies*. Elle est encadrée de pierres bien sculptées, et de statues qui ont disparu. L'eau jaillit par *cinq* canaux surmontés de ces paroles du prophète Isaïe : « *Haurietis aquas in gaudio de fontibus salvatoris :* Vous puiserez, dans la joie de votre âme, de l'eau de la fontaine du Sauveur.
L'écusson porte *trois fasces* qui sont de Trogoff, à moins que l'on n'y voie les trois jumelles des du Parc de Locmaria. La fête patronale, celle du moins qui attire le plus de monde, bien qu'elle ait lieu le quatrième dimanche du Carême, est celle des *Cinq Plaies, Gouel ar pemp gouli.* Cette fête a dû être instituée par M. Le Gal de Kerdu, car sur sa tombe bien modeste, comme sa vie, on remarque, en moyen relief, les plaies du Sauveur avec un cœur couronné d'épines. Même représentation dans l'église de Loquémeau, à un autel latéral ; ce sont peut-être les derniers souvenirs de la Confrérie des *Cinq Plaies*.

La confrérie de la *Croix* remplaça peu à peu celle de Jésus Crucifié. Elle différait à peine de la précédente, et avait un autel dans l'église du Bally et même dans la cathédrale de Tréguier. Il n'en reste plus de trace aujourd'hui, mais la dévotion de la Croix est plus populaire que jamais. Commencée à Montmartre, où les stations n'étaient encore qu'au nombre de sept, elle s'est répandue peu à peu dans toute la Bretagne, et il n'est pas une église aujourd'hui, qui n'ait les quatorze tableaux liturgiques du *Chemin de la Croix*, depuis les images simplement polychromées, jusqu'aux émaux les plus riches aux superbes cadres dorés. C'est dans l'après-midi, avant la tombée de la nuit, quand les derniers rayons du soleil étalent sur le pavé du temple les teintes variées de ses brillants vitraux ; c'est le soir qu'on aime à voir les vieillards à cheveux blancs, faire une prière à genoux, devant chacun de ces tableaux qui rappellent tant de souffrances et d'amour !

Les enfants eux-mêmes ont une tendre dévotion pour ce saint exercice, et il n'est pas rare de les voir, au sortir de l'école, se réunir en petits groupes pour faire le chemin de la Croix. Nous pouvons dire que si la confrérie a disparu, la dévotion reste la même et durera toujours. N'est-ce pas, en effet, dans notre pays que l'on rencontre à chaque carrefour du chemin, ces calvaires riches ou modestes devant lesquels le breton se découvre respectueusement, en se signant avec une foi profonde, du signe sacré qui fait fuir l'esprit du mal ?

Dans l'origine, ces calvaires étaient des *minihy* ou refuges, où s'arrêtait le bras de la justice humaine. Aujourd'hui ce sont encore des refuges contre la colère divine elle-même. Honneur donc à nos dévots sculpteurs qui couvrent la Bretagne de leurs superbes calvaires de granit. Honneur aussi au modeste artisan, qui s'exerce lui-même à représenter, sur un bois souvent rebelle, la douce image du Dieu mourant, pardonnant à ses bourreaux. La tempête révolutionnaire, qui a emporté tant de chefs-d'œuvre au siècle dernier, a respecté ces humbles croix, parce qu'elles étaient gardées et soutenues par la piété bretonne. Que l'on se prosterne donc pieusement encore devant ces calvaires que couvrent la mousse et le lichen. S'ils furent témoins de nos discordes, ils le furent plus encore de notre foi vive et profonde qui a survécu à tant d'orages.

Quelque grande que soit notre admiration pour les travaux artistiques, qui ont tant popularisé le nom de notre compatriote Hernot, nous ne voyons pas sans regret disparaître ces autres calvaires, devant lesquels nos pères ont prié et peut-être souffert. Arrachons leur les secrets de leur histoire, elle ne peut être qu'intéressante. Sur le chemin de Ploubezre, vous rencontrez cinq croix de granit, qui sont loin d'être de la même époque. Une main pieuse les a rangées en symétrie, sur un stylobate en forme d'autel. Demandez leur légende, car elles en ont une, et le plus petit enfant vous la racontera avec toute la naïveté de son âge et ne laissera pas que de vous intéresser vivement. Il en est de même des autres calvaires, dont un trop grand nombre, hélas, gisent mutilés sur nos chemins. Les uns sont historiés, c'est-à-dire contiennent des statuettes qui rappellent un fait quelconque de l'histoire locale ; les autres sont d'une extrême simplicité et parlent encore à qui les veut interroger. Voyez-vous sur les deux bras de la croix deux saints bien connus du village? L'un sera le patron d'une chapelle voisine qui a disparu ; l'autre, la patronne de la personne qui a érigé ce modeste monument. Ce calvaire, placé sur une hauteur d'où l'on découvre la chapelle du *Yeaudet*, l'église de Saint-Yves ou tout autre lieu de pèlerinage, on l'appelle le *Salut* de ce sanctuaire vénéré. C'est là que le pèlerin se découvre, se délasse et contemple en priant le saint qu'on y vénère. Il est venu de bien loin pour le visiter et il s'est fatigué beaucoup ; mais ses forces sont réparées comme par miracle. Il aura encore le courage de faire à genoux le tour de l'édifice, parce qu'il accomplit un vœu, et avant de partir et de quitter des yeux ce sanctuaire béni, il le saluera de nouveau du pied de cette croix : *In cruce salus, in cruce vita, in cruce protectio :* La croix, c'est le salut, c'est la vie, c'est la protection contre tous les malheurs.

Il est une autre croix au milieu du village. Là, le laboureur a fait sa paix avec un de ses frères, qu'il poursuivait de sa colère et de sa haine ! Elle a servi d'autel à la mère qui y a conduit son enfant, pour lui faire répéter pieusement sa première prière. Cette autre encore, sur le bord du chemin, a servi de point de ralliement aux enfants d'un village plus éloigné, pour se rendre ensemble à l'école, au catéchisme, à la messe. Que de souvenirs traversent l'esprit et émeuvent doucement le cœur, quand il nous est donné de les saluer encore, à un âge avancé de la vie, alors que tout a été brisé en nous par les plus cruelles déceptions ! L'espérance seule reste au fond du cœur, et c'est la croix qui en est le consolant symbole : *O crux, spes unica !*

La confrérie de *Notre-Dame des Agonisants* avait aussi un autel dans l'église paroissiale de Lannion ; mais il n'en reste plus de trace. Les confrères devaient visiter les malades, les encourager, les soutenir contre les défaillances de ce moment terrible, leur rappeler les saintes obligations de la dernière heure, leur procurer les sacrements de l'Eglise ; puis, quand la mort approche, réciter auprès d'eux les prières des agonisants. Quoi de plus touchant que cette pieuse association ! Il n'y a plus de confrérie ; mais, par un reste de pieuse dévotion, il se trouve toujours dans chaque village quelque personne fervente, pour encourager le mourant aux prises avec les douleurs de l'agonie, pour prier et réciter ces solennelles litanies des agonisants, où le peuple répond avec je ne sais quel accent de douleur irrésistible : *Priez pour lui : Ora pro eo.*

Pendant la terreur, il s'était trouvé un homme dans notre pays, qui se fit le dénonciateur de ses frères. On parlait tout bas le soir à la veillée, parce qu'on savait qu'il rôdait autour des maisons, écoutant aux portes et plongeant son regard par les fissures de la fenêtre ; et personne n'osait lui donner la chasse, parce que derrière lui était une légion. A la même époque, deux jeunes prêtres, après avoir émigré, rentrèrent dans leur pays, pour procurer les secours de la religion à leurs frères. Sous un déguisement, ils passaient d'une maison à l'autre, administrant les sacrements dans quelques greniers écartés. Un soir, au foyer d'une pauvre chaumière, on se racontait leurs courageux exploits. Le *rôdeur* surprit la conversation, dénonça ces deux hommes, et la pieuse femme qui leur donnait asile. Leurs têtes tombèrent sur l'échafaud ! L'orage passa, les vengeances se turent, le dénonciateur vécut. Il pleura son triple forfait et s'engagea pour le reste de sa vie à veiller les mourants, à réciter les prières pour les morts dans toute sa région, et le peuple lui pardonna.

Nous trouvons encore la confrérie de *Saint-Sébastien*, comme l'une des plus riches de notre église paroissiale. C'était un brillant officier d'une légion romaine. Il appartenait à une famille patricienne et avait hautement confessé sa foi. Dans sa fureur, Dioclétien le fit percer de flèches, par ses propres soldats, qui le laissèrent pour mort contre l'arbre auquel il fut attaché pour subir son martyre. Détaché par une pieuse femme, et miraculeusement guéri, il reparut devant l'empereur pour lui reprocher ses crimes. Le tyran le livra aux bourreaux, pour être battu de verges jusqu'à ce qu'il ne rendît l'âme. Son culte était très populaire en Bretagne, et il est peu d'églises qui n'aient pas eu une statue de ce jeune et héroïque martyr. A Tréguier, il était le patron d'une église paroissiale, bâtie près de la grève, et plusieurs personnes de distinction ont porté son nom. Saint Sébastien partage avec saint Roch, le privilège de préserver de la peste et des maladies contagieuses, depuis que Rome avait été délivrée par sa protection d'une cruelle épidémie qui la décimait, sous le pontificat de saint Agathon. C'est pour cela, sans doute, que nous voyons dans la chapelle de Saint-Roch, à la porte de Lannion, deux charmantes peintures sur bois, représentant le saint d'un côté, en gentilhomme, avec chapeau à plumes et costume du XVIe siècle, et de l'autre, attaché à un tronc noueux et percé de flèches aiguës.

Sa statue a disparu de l'église de Lannion, ainsi

que de beaucoup d'autres, parce qu'il n'y était plus connu, et que la nature même de son supplice l'a fait représenter, avec plus ou moins de décence, par des artistes peu habiles. Nul doute qu'il ne fût aussi invoqué par les jeunes guerriers, pour la conservation de leur foi et des mœurs chrétiennes, au milieu de la licence et des désordres des camps.

La confrérie de *Saint-Michel* est celle peut-être qui a laissé le moins de traces à Lannion. Il y a bien, dans les environs, une église paroissiale qui lui est dédiée, et à Tréguier, une vieille tour qui porte son nom, aussi bien que le petit monticule sur lequel elle se lève ; de plus, dans l'église du Bally, une assez bonne copie du Saint-Michel de Raphaël, mais c'est tout. Le but de cette confrérie était surtout la prière pour les morts, conformément à la pensée exprimée dans l'office divin : Que Michel, le porte étendard du ciel, présente ces âmes à la lumière céleste : *Signifer Sanctus Michaël præsuntet eas.* Son culte était cependant très répandu en Bretagne, et nos anciens bréviaires faisaient l'office de saint Michel, *in tumbâ.* C'est-à-dire sur le mont où s'élève sa superbe basilique, aux confins de notre province, et qui s'appelait autrefois *bé,* dans la langue bretonne, comme tous les petits rochers qui l'entourent, et sur l'un desquels repose Châteaubriand. L'ordre de Saint-Michel, institué par Louis XI, dans la salle des chevaliers de cet illustre monastère, pour les gentilshommes seuls, avait pour devise : *Immensi tremor Oceani,* la terreur du vaste Océan. La noblesse bretonne comptait plusieurs chevaliers de cet ordre célèbre, dont le souverain se montrait assez avare. On sait que la France chrétienne l'a choisi pour patron et l'Eglise pour protecteur. Rien, comme nous le voyons, n'était oublié dans les institutions de nos pères. Leur zèle avait de pieuses inventions pour les souffrances et les misères de la vie, comme aussi pour la protection du pays et la gloire de la nation. Leur confrérie ne s'arrêtait pas aux maux d'ici-bas, elle franchit l'espace et élève les âmes jusqu'aux portes du ciel.

La confrérie de *Saint-Julien* accompagne les voyageurs dans leurs courses lointaines. Les Bretons, comme on l'a dit avec plus ou moins de raison, étaient toujours en chemin pour leurs dévotions ou leur commerce. C'est sans doute la raison du culte de ce saint parmi nous. Il était d'une illustre famille d'Antioche, et fut aussi victime de la persécution de Dioclétien. Le nom d'Hospitalier lui a été donné, parce qu'il transforma sa maison en une espèce d'hôpital, où il prodiguait, avec sa pieuse épouse, les soins les plus empressés aux malades et aux pauvres voyageurs. De distance en distance, sur les routes les plus fréquentées, nous trouvons des chapelles de saint Julien, et non loin de ces modestes sanctuaires, on découvre des restes de maisons ou de villages, qui portent encore le nom d'hôpital, dont il ne serait pas facile d'expliquer autrement l'existence. Ainsi, presque à mi-route, entre Tréguier et Lannion, on trouve la chapelle de Saint-Julien, et un peu plus près de cette dernière ville, une importante agglomération de maisons très anciennes, avec un bureau pour l'administrateur et des salles pour les malades. C'est l'hôpital de Rospez. Les confrères avaient le soin de ces établissements et s'y rendaient à tour de rôle, pour porter des secours aux voyageurs et les mettre en état de continuer leur chemin. Quelque chose de semblable se remarque dans les immenses déserts de l'Asie ; c'est connu sous le nom de caravansérail, et les voyageurs y trouvent un abri pour la nuit. C'est quelquefois près des rivières que se rencontrent les chapelles de Saint-Julien, non loin des ponts et des passages dangereux, pour préserver les passants d'une mort presque certaine. On peut croire que c'est à cette pensée chrétienne et charitable, qu'est due la fondation de cette confrérie dans l'église de Lannion. Notre rivière, en effet, pouvait offrir bien des dangers, puisque aujourd'hui même, malgré les ponts et les gardes qui l'entourent, on a chaque année à déplorer un grand nombre d'accidents de ce genre. Cette confrérie présenta ses comptes en 1679, au gouverneur de Lannion, qui était alors Gilles Le

Provost, sieur de Pontblanc, un descendant du héros du combat des Trente, et du valeureux gentilhomme qui sauva Lannion contre les Anglais, en 1643.

Une autre confrérie, chère aux ouvriers, était celle de *Saint-Crépin*. Elle avait un autel dans l'église du Bally, en la chapelle du Saint-Sacrement, et contribua, pour sa part, à la décoration de cette église, qui venait d'être achevée sur de belles proportions. Saint Crépin et saint Crépinien étaient deux nobles patriciens de Rome, qui vinrent soutenir les chrétiens dans les Gaules, où sévissait la persécution de Dioclétien. Ils étaient accompagnés de saint Quentin, autre jeune noble, et s'arrêtèrent à Soissons. Comme ils n'avaient aucune ressource et que personne ne voulait leur rien donner, à cause de la présence de Maximilien sur les bords du Rhin, ils se firent ouvriers, et choisirent le métier de cordonnier, qui est assez tranquille, et laisse à l'âme toute liberté pour ses aspirations vers le ciel. Ils apprirent leur état sans apprentissage, et comme ils travaillaient mieux que les autres et à meilleur compte, ils virent les habitants de Soissons accourir en foule à leur boutique. Ce fut une excellente occasion pour eux d'enseigner la foi à ces hommes dociles, et bientôt leur échoppe devint une sorte de temple, où s'opérèrent une foule de conversions.

A cette nouvelle, l'empereur devint furieux.

Il envoya son lieutenant, le cruel Rictiovare, pour les détourner de la vraie foi ou les mettre à mort. Par son ordre, les deux jeunes ouvriers subirent les plus cruels supplices et eurent la tête tranchée. Une pieuse femme recueillit leurs restes, qui furent plus tard déposés dans l'église de Saint-Laurent, à Rome. Leur martyre avait, en effet, égalé en horreur celui de ce diacre héroïque, et il était juste que leurs corps reposassent presque dans le même tombeau. Les ouvriers en chaussures les ont choisis pour patrons, et se chargeaient à Lannion de la décoration de leur autel. Ils avaient même formé, sous leurs auspices, une sorte de corporation, pour se prêter mutuellement aide et secours, en cas de besoin ou de détresse. Une fête se célébrait chaque année, et tous oubliaient, dans le banquet commun, ce qu'il y avait pu avoir de rivalité dans le reste de l'année. Cette fête, devenue un peu profane, se célèbre toujours comme souvenir de l'ancienne confrérie, et tous ces hommes du même métier se font encore un devoir d'assister aux funérailles de chacun des membres. On voit rarement leurs statues dans les églises : mais, en revanche, il n'est pas rare de les rencontrer dans les échoppes de ces ouvriers. C'est leur propriété, et elles passent d'une maison à l'autre, pour être conservées chez le doyen d'âge ou le président de la corporation. Dans l'église de Saint-Melaine à Morlaix, une statue de saint Crépin a été reléguée au haut du rétable d'un autel latéral, qui a pu avoir été dans le même temps que la chapelle de Lannion, le siège de cette importante confrérie.

Saint Yves, dont le culte n'a aucun titre officiel à Lannion, y avait une confrérie et un autel dans l'église. Il n'en reste plus que la statue adossée contre un des piliers, où des mains pieuses entretiennent toujours des guirlandes de verdure et des couronnes de fleurs. Les membres de la confrérie visitaient les pauvres et les infirmes, dans l'hôpital que remplace aujourd'hui l'établissement scolaire de la Providence. Ils s'occupaient aussi de l'apprentissage des jeunes gens, et les hommes de lois qui en faisaient partie, plaidaient gratuitement la cause des indigents. La confrérie a disparu, mais le culte du grand saint breton y est plus vivace que jamais. Que de fois n'avons-nous pas vu un cierge brûler silencieusement devant sa statue ! Qui l'a allumé ? C'est sans doute une personne qui a peut-être ses intérêts, le pain de ses enfants, l'honneur de sa famille, engagés entre les mains de la justice humaine. Mais ce n'est point assez pour la rassurer sur l'issue de sa cause, et elle vient prier saint Yves, le justicier implacable, qui fait trembler le parjure et le filou, aussi bien que l'homme sans foi et l'injuste détenteur du bien d'autrui. Cette flamme, qui brûle lentement, c'est sa prière au ciel, pendant que se discutent tant d'intérêts sacrés devant les tribunaux de la terre. Rien que la crainte d'être dénoncé au tribunal de ce saint prêtre, a fait arrêter bien des procès et rendre des biens injustement détenus, par une personne peut-être inconnue.

La confrérie de *Saint-Eloy* était soutenue par les ouvriers en métaux. On avait érigé une chapelle en son honneur sur la plate forme du château, et lorsque l'église actuelle l'eût remplacée, les confrères y firent bâtir un autel très richement décoré. A la suite des missions, cette confrérie acquit assez d'importance, à cause du grand nombre d'ouvriers qui en faisaient partie. Saint Eloy était très aimé des Bretons. Du temps de nos rois, il fut envoyé par Dagobert dans notre pays, pour conjurer une guerre suscitée contre ce prince, par l'ambition de Judicaël. Eloy remplit si bien sa mission, que l'alliance des deux princes devint plus solide et plus intime que jamais. On croit qu'il a visité plusieurs centres de notre province, où plus tard on lui a érigé des chapelles ordinairement fort belles. Les éleveurs, si nombreux au pays de Lannion, l'ont aussi choisi pour patron et sa fête est l'occasion de courses et de brillantes cavalcades.

Nos souvenirs déjà éloignés nous retracent encore une de ces fêtes, où hommes et chevaux débouchent au galop, par tous les chemins qui se rendent à la chapelle. Il nous semble entendre encore les claquements des fouets, les hennissements des chevaux, les cris de *gare*, poussés par les passants, et la voix de la cloche au son argentin, une cloche de la *ligue* (1580), qui domine tout cet orage ; voir cette pièce d'eau, où le cavalier et sa monture s'engouffrent un instant, pour reparaître un peu plus loin, à la grande joie des enfants ; puis ce défilé de toutes ces magnifiques bêtes, devant la fontaine dont on leur fait boire une goutte, en jetant le reste dans leurs oreilles et leurs yeux ! Que de fers et de crins suspendus à la statue du bon saint Eloy, auprès duquel se dresse fièrement l'ange, qui, la veille, est descendu de la tour, pour allumer le feu de joie ! Ces souvenirs, qui ne laissent aucune amertume dans l'âme, sont les plus doux et les meilleurs de notre vie !

A l'extrémité de la ville, hors de l'enceinte, s'élevait une chapelle dédiée à saint Nicolas, par les marchands et les *mariniers*, pour être le siège de leur opulente confrérie. C'est autour de cette chapelle que s'étendait le cimetière de Lannion. Il y avait même, tout auprès, une sorte d'établissement, pour recevoir les malades et hâter leur convalescence, à cause du bon air qu'on y respire. De tout cela, il ne reste qu'un ange adorateur, qu'on y a oublié peut-être, niché dans la façade d'un magasin. On l'a baptisé du nom de saint Nicolas, et le jour de sa fête, il est décoré avec un grand luxe d'oriflammes, de guirlandes et de couronnes. Les marchands recommandent une grand'messe solennelle, à laquelle ils se font un devoir d'assister. C'est le seul souvenir de la confrérie de Saint-Nicolas.

C'était un grand et saint Evêque de Myre, en Lycie. Son pays étant en proie à une cruelle famine, il apparut à un navire chargé de grain, qui faisait voile vers l'Afrique, et persuada au capitaine de tourner le cap vers la Lycie. L'équipage suivit ce conseil et fit sans doute une excellente affaire. Est-ce le motif de la dévotion des marchands et des hommes de mer ? C'est possible ; mais une raison plus touchante en a fait le patron des petits enfants, qui tous célèbrent sa fête avec une allégresse charmante. On connaît la chanson naïve : *Ils étaient trois petits enfants...* Son ingénieuse charité lui donnait les moyens de doter de pauvres jeunes filles, pour en faire d'excellentes mères de famille ; de préserver d'autres de la misère et des désordres qui en sont les suites funestes, et d'aider les mères à bien élever ces chers petits êtres, que Dieu leur a confiés, et que trop souvent, hélas, on abandonne à un sort plus cruel que la *baratte* du boucher de la chanson.

Comme saint Nicolas avait plaidé avec succès la cause de trois malheureux condamnés à mort et sauvé de la honte trois officiers indignement calomniés, les avocats de Nancy l'ont choisi avec saint Yves pour patron de leur importante corporation. Une belle gravure, communiquée, il y a quelque temps, par le Dʳ Bonnejoy du Vexin, représente ces deux saints habillés, l'un en évêque et l'autre en jurisconsulte, couronnés par deux anges. La silhouette de la ville se dessine dans le lointain. La confrérie de ce nom était très riche, comme le constate un rapport détaillé de 1693. Dans l'église paroissiale, il n'en reste qu'un joli tableau du saint, avec sa statue adossée au pilier, qui a remplacé son autel. Il est représenté en évêque avec les trois enfants traditionnels, sortant gaîment de la baratte légendaire.

Une autre confrérie avait son siège dans l'oratoire même de la prison, près de l'ancien prétoire. Elle était sous le vocable de *Notre-Dame* et ses membres s'engageaient à visiter les prisonniers, pour les instruire de leurs devoirs et les consoler, en leur procurant quelques soulagements. Quand on considère combien était sévère le régime des prisons, à cette époque, on comprend tout ce qu'il y avait de charité dans l'institution et combien de services elle rendait à tous ces malheureux captifs.

Saint Fiacre, patron des laboureurs et des jardiniers, était très honoré par tous les cultivateurs du pays de Lannion. Il y avait dans l'église une confrérie célèbre, érigée sous le vocable de ce saint ermite. C'était un jeune Seigneur d'Irlande qui, pour s'éloigner des honneurs de son pays, vint chercher une retraite en France. Il est possible, qu'à l'exemple de plusieurs autres saints de cette île, il ait débarqué sur nos côtes, à Coz-Yeaudet peut-être, ce qui expliquerait la dévotion spéciale que lui portent les Bretons. Il s'arrêta dans une forêt, près de Meaux, défricha de ses mains quelques terres, qui lui furent données par l'Evêque, puis un petit jardin près de sa cellule. Les pauvres du pays profitaient de son travail, et il leur bâtit même un hôpital, pour leur prodiguer ses soins, avec une grande charité. Il mourut vers la fin du VIIe siècle, et fut enterré dans sa petite cellule, qui devint bientôt après une chapelle célèbre. Charles de Blois avait beaucoup de dévotion pour ce saint, et Anne d'Autriche fit plusieurs visites à son tombeau. La ville de Tréguier avait une église et une paroisse, sous le vocable de saint Fiacre, et le diocèse célébrait solennellement sa fête. On y chantait une très belle prose que l'on trouve encore dans un missel du XVIe siècle, appartenant au petit séminaire de Tréguier. Son autel à Lannion était toujours couvert de fleurs, par les soins des jardiniers de la ville, et l'on trouve assez souvent sa statue dans cette belle campagne, qui domine nos côtes, et qu'on appelle avec raison la ceinture dorée de la Bretagne.

La confrérie de *Saint-Vincent* avait un autel dans une des chapelles de l'église du Bally. On ne sait pas au juste quel était le but de cette association. Ce saint était un diacre de Valence, en

Espagne, qui souffrit le martyre sous le président Dacien, pendant la persécution de Dioclétien. Depuis saint Laurent, aucun martyr n'avait été aussi torturé par la fureur des bourreaux. Saint Augustin, dans une homélie le jour de sa fête, dit de ce saint, *que la souffrance était pour lui comme le vin dont s'enivrait son âme,* ce qui l'a fait prendre pour patron par les vignerons. Son corps, jeté dans la mer, y flotta malgré tous les poids qu'on y attacha, ce qui explique peut-être pourquoi on trouve de ses chapelles près des passages dangereux des rivières ou de la mer. La paroisse de Saint-Vincent, à Tréguier, avait pour église la chapelle de l'hôpital, où la population de Poulan-Tréguier célébrait ses offices, quand elle ne pouvait se rendre à la cathédrale.

La confrérie de *Sainte-Marguerite* n'avait qu'un autel dans l'église du Bally et l'on ignore quelle en était l'importance. On peut croire, cependant, qu'elle était très étendue, quand on considère qu'un nombre considérable de chapelles lui sont dédiées, et qu'elle avait des statues presque dans toutes nos églises. Son culte a été apporté chez nous, à la suite des croisades, au XIIIe siècle. C'était une jeune chrétienne d'une grande beauté, qui avait consacré sa virginité au Seigneur. Olymbrins, préfet d'Orient, l'ayant rencontrée un jour à Antioche, sa patrie, voulut la forcer à l'épouser. Sur son refus, il lui fit subir les souffrances les plus atroces. Le démon, pour la torturer davantage, se mit de la partie, et il s'élançait sur elle sous la forme d'un serpent horrible, qu'elle mettait en fuite par le signe de la croix. Avant de rendre le dernier soupir, elle fit cette prière à Dieu : « *Qu'en récompense de mes tourments, accordez-moi, Seigneur, que ceux qui vous invoqueront en souvenir de ma passion, soient exaucés.* » La passion de sainte Marguerite fut traduite en vers, et on la lisait sur les femmes en couches, pour hâter leur délivrance, d'où le culte spécial que lui portaient les jeunes mariées. Elles se chargeaient de quêter dans l'église pour orner ses autels. Ces quêtes continuent encore dans quelques localités. On donne des écheveaux de fil entortillés de guirlandes de fleurs, ou simplement une quenouille avec sa filasse, qu'une femme prend pour la filer dans la semaine. Il y avait dans ces églises des confréries de Sainte-Marguerite, dont on a fait disparaître les traces, en laissant perdre ses statues généralement bien travaillées.

La confrérie des *tisserands* n'était pas la moins importante au pays de Lannion. Elle était sous le vocable de la *Trinité* et avait son siège dans l'église de Brélévenez. C'était en même temps une association riche et redoutable, qui avait pour chef, Kerguézai, seigneur de Kergomar, au XVIe siècle. Elle percevait un droit sur toutes les toiles vendues au marché de Lannion, et chaque ouvrier avait auprès de son métier une espingole, pour faire respecter ses droits et courir au besoin à la défense du pays. Elle a bâti la chapelle de la Trinité, dans l'église de Brélévenez, et donné le magnifique autel avec un tableau de la descente du Saint-Esprit, qu'on y voit encore.

On s'étonnera peut-être de voir, dans une même église, tant de confréries et des autels pour chacune. C'est qu'à cette époque les collatéraux étaient entièrement encombrés par ces autels, et quand on examine de près ces édifices, on trouve des traces d'autel presque à toutes les colonnes. De plus, ces confréries avaient des jours différents pour leurs réunions, qui ne se faisaient pas toujours dans leurs chapelles respectives. Une remarque assez curieuse à faire, est la singularité du nom donné au chef de la confrérie : Il s'appelait l'*Abbé,* lors même qu'il fût entièrement laïque, comme c'était l'ordinaire. Nous le voyons par un compte-rendu, en charge et décharge, en 1778, signé par M. G. du Leslé, *Abbé* de la confrérie de Saint-Yves. Cette dénomination fut remplacée plus tard par celle de gouverneur, qui ne s'emploie déjà guère. Le nom de trésorier a prévalu et se donne en général à ceux qui s'occupent des intérêts matériels d'une chapelle ou d'une association quelconque.

Nous passons sous silence d'autres confréries, et des dévotions introduites ou rétablies au pays de Lannion, après les missions. C'était la vie avec les intérêts en commun, qui faisait la force de cette époque glorieuse. La politique est venue, comme un dissolvant, anéantir ces belles institutions. Aujourd'hui on voudrait y revenir ou les remplacer par d'autres établissements du même genre, et les efforts que l'on fait pour y parvenir, montrent combien ces institutions étaient utiles, nécessaires même au pauvre et à l'ouvrier. Diviser pour régner, c'était la devise d'un roi célèbre ; on ne l'applique que trop dans nos temps modernes, qui proclament cependant bien haut l'union et la fraternité, sans parler de la liberté, mot magique qui n'enflamme plus que les jeunes cœurs ignorants de tous les crimes que l'on commet en son nom, comme le disait Mme Rolland, au pied de l'échafaud.

§ XIX. — Superstitions résultant de dévotions mal entendues.

A côté de ces dévotions et peut-être à leur occasion, il s'est glissé quelques pratiques, qui, à la longue, ont pu devenir superstitieuses. Peut-être est-ce faute d'avoir bien délimité ce qu'il fallait croire, et le peuple, à l'abri de ce silence, est allé dans sa ferveur bien au-delà de ce qu'il devait faire, et est tombé dans certaines superstitions matérielles, sinon formelles. Ainsi la dévotion à saint Yves, le *grand justicier*, qui découvre la vérité et fait triompher les droits méconnus, est devenu le triste culte de *saint Yves de vérité*, qui fait mourir dans l'année celui qui refuse de rendre un bien injustement acquis.

La superstition qui n'est qu'une croyance à une puissance imaginaire, a existé de tout temps, et a exercé une grande influence sur les destinées des familles et les coutumes des nations. Il y a une différence sensible entre les croyances et les pratiques superstitieuses, et cependant tout cela se confond assez souvent dans les usages de la vie. Les missionnaires du xviie siècle se sont plaints amèrement de trouver des superstitions en Bretagne, et cependant ils n'ont pu les détruire, et au siècle dernier, le citoyen Cambry, chargé de faire une étude sur les différents districts du Finistère, disait, qu'il n'y a pas « *un pays au monde, pas*
« *même en Afrique, où l'homme soit plus supers-*
« *titieux qu'en Bretagne*. L'influence des prêtres
« y est très grande, continue-t-il, et si les habi-
« tants de nos campagnes ont peu regretté le roi
« et les nobles, ils ont pleuré amèrement la perte
« de leurs pasteurs. Aussi, voyez avec quelle joie
« ils les ont reçus à leur retour de l'exil ! Ils
« retrouvaient en eux leur soutien et leur appui;
« leur tristesse s'est évanouie ; leur ciel est rede-
« venu serein, ils ont senti renaître leur courage,

« De tout temps la religion guida l'homme dans
« ces contrées, avec plus d'influence encore que
« sur le reste de la terre. Les Druides étaient
« presque des dieux à leurs yeux. Les millions de
« génies dont ils peuplèrent les éléments, la puis-
« sance des sages sur la nature, tous les rêves
« de la féerie, le culte des arbres et des fon-
« taines, ne fut pas détruit par les premiers apôtres
« du catholicisme : on transporta sur les nou-
« veaux saints les miracles des saints du temps
« passé. On ne voit, dans leur légendaire, que
« solitaires chastes, sobres et vertueux, vivant
« dans les forêts, bravant l'inclémence de l'air.
« Ils apaisent les tempêtes, fendent les flots de
« l'Océan, passent la mer à pied sec, voguent sur
« des urnes de pierres, métamorphosent leurs
« bâtons en arbres majestueux. Les fontaines nais-
« sent sous leurs pieds, les maladies se guéris-
« sent, l'air s'embaume à leur passage, les morts
« ressuscitent, et l'univers est soumis à leurs lois.
« Les efforts de la religion et les lumières qui
« se répandent partout, ont été impuissants. Le
« temps même, qui détruit tout, n'a rien changé
« à leurs rêveries, et ces bons laboureurs se meu-
« vent, agissent dans un monde réel, pendant
« que leur imagination erre dans un monde fan-
« tastique, tout peuplé de chimères et de fan-
« tômes. L'oiseau qui chante répond à leurs
« questions, marque les années de la vie, l'époque

« de leur mariage : un bruit fortuit, répété trois
« fois, leur prédit un malheur ; les hurlements
« d'un chien leur annonce la mort ; le mugisse-
« ment lointain de l'Océan, le sifflement des vents
« entendu dans la nuit, sont la voix du naufragé
« qui demande un tombeau. Des trésors sont gar-
« dés par des géants et des fées. Ce sont là des
« folies ; chaque pays a les siennes, la Bretagne
« les a toutes. » (*Voyage dans le Finistère*).

M. Cambry, qui a tant vu et peu compris ce qu'il a vu, a lui-même voyagé au pays des rêves, quand il a fait cette description, fort belle d'ailleurs, de la superstition bretonne. C'est un thème bien connu désormais, propagé par les mille complaintes ou chansons qui se repètent au foyer, pour égayer les longues soirées d'hiver. Ces histoires, contes ou légendes, ont formé le fonds de la littérature nationale chez tous les peuples, et aujourd'hui on s'applique à en retrouver les traces, pour reconstituer l'histoire de notre pays. M. de la Villemarqué en a fait une riche moisson, et M. Sébillot, parmi ses divers titres à la renommée, leur doit cependant un de ses plus beaux fleurons. Qu'on n'attache donc pas à ces élégantes fictions, une importance dogmatique qu'elles n'ont pas. Ces légendes cachent toujours sous le charme de la diction et la fraîcheur des images, un fonds de vérités, qui sans elles eussent été oubliées, à une époque où rien ne se transmettait que par la tradition orale.

Que les animaux parlent donc encore au coup de minuit, à la fête de Noël, et que les curieux n'aillent pas prêter une oreille indiscrète à leur conversation d'un instant !

Les Korigans, ces aimables lutins, danseront toujours sur nos landes, aux carrefours des chemins, et malheur aux enfants et aux grandes personnes attardées, qui rentrent à cette heure au logis ; il pourrait leur arriver d'être engagées dans ces rondes sans fin, jusqu'au lever de l'aurore, pour danser et chanter avec eux : lundi, mardi, mercredi !

Les lavandières de nuit pourront bien tordre toutes seules leurs blancs linceuls, le long du ruisseau, si quelques pauvres filles restées trop longtemps à discourir de choses inutiles dans la lisière des champs de blé, ne viennent à rentrer trop tard. Il faut alors qu'elles se prêtent de bonnes grâces à tordre avec elles leurs linges mouillés, jusqu'à se voir les bras rompus ; heureuses encore si ces implacables fées ne les noient après cela, dans un lavoir abandonné.

Il n'est pas jusqu'aux animaux, qui n'aient leurs petits génies. Les lutins, ces hommes microscopiques, ont grand soin des chevaux à l'écurie. Ils vont même voler de l'avoine pour leur donner, et maltraitent le palefrenier paresseux qui les abandonne ; mais on ne doit pas toucher aux nœuds de leur crinière, qui servent d'étrier à ces esprits follets.

Les bêtes à cornes, dans leurs étables, ont aussi de ces esprits qui sous forme de gentilles belettes, s'amusent à les traire pour se récréer, à moins qu'elles ne trouvent aux quatre coins des quenouilles garnies de filasse. Cela suffit pour les distraire, et à ce prix ils protègent ces innocentes bêtes contre les maladies et les voleurs de nuit.

Les amulettes ont disparu. C'était un morceau de pain bénit que la mère renfermait dans un joli sachet, pour le suspendre au cou de son enfant, ce qui empêchait les femmes envieuses de jeter sur cet enfant un sort qui amenait infailliblement en lui une consomption intérieure et l'empêchait de croître. Mais il faut avoir soin, quand une mère vous présente son enfant, de lui dire : *Que Dieu vous bénisse et vous préserve de tout mal.*

Comment empêcher les coqs de chanter avant l'aurore ; les corbeaux de voler au-dessus du toit, où languit un malade, et les chiens de faire entendre ces longs hurlements, qui pronostiquent un grand malheur ! Oui, s'écriait le pauvre berger de Virgile, une corneille de mauvais augure m'avait souvent prédit du haut de son chêne creux, tout ce qui m'est arrivé ! Etourdi que j'étais, je ne fis aucune attention à ces coassements lugubres ! J'aurais pu du moins essayer de conjurer ce malheur : *Sæpe sinistra cavâ prædixit ab ilice cornix !*

Les fées n'appartiennent pas plus à la Bretagne qu'aux autres provinces. Que leur nom vienne du latin *fata,* destinées, ou du breton *fad,* bon, peu importe, ce sont partout des génies bons ou mauvais, qui président à tous les actes de la vie, douent l'enfant d'heureuses qualités, ou lui jettent un mauvais sort. Ils se mêlent à la tempête, aux neiges de l'hiver, à la brume des marais, dansent à la clarté de la lune et volent sur les nuages. Partout on montre aux voyageurs des grottes des fées, la pierre des fées, l'arbre des fées. Qui a soulevé ces pierres colossales qui couvrent la Bretagne : dolmens, menhirs, peulvens, cromlec'h et autres ? Ce sont les fées. Tout en filant leurs quenouilles, elles ont apporté dans leurs tabliers les blocs gigantesques de Carnac et de Locmariaquer. Tout ce qui dépasse, en un mot, la portée de la puissance humaine, leur est attribué ; et il y en a partout dans les bois sombres, les ruines des vieux châteaux et les fontaines, comme dans les grottes profondes. Ainsi l'imagination populaire a peuplé d'êtres fantastiques les airs, les forêts, tous les lieux pleins de mystères, et souvent même le foyer domestique. Elle leur attribue une puissance sans réserve, de bien et de mal sur toute chose. Dans les longues veillées, la grand'mère raconte à ses petits enfants la légende merveilleuse ou quelques scènes de sorciers ou de loup garou, et tous l'écoutent avec une attention que rien ne distrait.

A ces vaines croyances bien coupables, si elles

étaient sincères, s'ajoutent des pratiques superstitieuses, beaucoup plus coupables, parce qu'elles sont généralement dangereuses. Ce sont le plus souvent des formules pour prédire l'avenir, guérir des maladies ou en faire naître par le moyen de sorts ou sortilèges, formules qu'emploient les sorciers de quelques noms qu'on les appelle. De là la puissance qu'ils ont exercée à toutes les époques de l'histoire, depuis Saül, Léonore Galigaï et tant d'autres, qui même, de nos jours, exercent une funeste influence sur les esprits les plus élevés. Tant il est vrai que l'homme a besoin de croire à quelque chose de plus élevé que sa nature, et que, suivant la parole du divin Maître, il est plus enclin à chercher les ténèbres qu'à suivre la lumière qui a brillé, éclairant les générations de la terre.

Les prophéties qui se produisent en foule dans les époques troublées, sont le plus souvent aussi une sorte de superstitions. On connaît les vers obscurs d'un barde gallois, nommé Merlin, qui fut enterré, croit-on, sur le Mené-Bré. Il a prédit la chute du paganisme, chassé par la vraie religion du Christ, les chars de feu fendant les montagnes de notre province, et volant comme des oiseaux au-dessus de nos vallées, et bien d'autres choses que l'on comprendra, quand on aura la clef de ses strophes énigmatiques. Mathieu Paris, chroniqueur du XIIIe siècle, invoque souvent son autorité, et lorsque les Bretons étaient fatigués du joug de la France, ils cherchaient, dans les vers obscurs de cet *enchanteur,* quand viendrait l'heure de la délivrance. Pour en venir à quelques années de nous, combien ne s'est-il pas débité de prophéties, qui toutes annonçaient d'une manière plus ou moins claire, la fin de la guerre devant se terminer dans le carrefour des bouleaux ou autres, par la valeur d'un prince blanc, qui monterait à cheval de la jambe gauche ! Et plusieurs de ses prophéties, dont on connaît bien la frauduleuse origine, s'impriment encore et se propagent par les meilleures librairies. Si rien de ce qu'elles ont annoncé n'est arrivé, il y a la ressource du temps pour attendre, ou encore l'excuse de la prophétie de Jonas, s'il était permis de mêler une chose sainte à des pratiques superstitieuses, au plus haut degré. Dieu l'avait envoyé prédire la destruction de Ninive, dans quarante jours, et Ninive ne fut point détruite. Pourquoi ? Parce que cette ville avait eu confiance en Dieu et avait fait pénitence !

Il y a une grande différence entre ces pratiques superstitieuses et coupables, et ces croyances puériles aux fées et à leurs exploits de toutes sortes. Celles-ci du moins ne font de mal à personne, et par la puissance imaginaire qui leur est accordée, servent d'explications aux enfants et aux personnes sans instruction, d'une foule de phénomènes qu'il serait impossible de leur faire comprendre. Cette faculté de créer ces scènes et ces personnages, a d'ailleurs ses charmes, et presque toutes nos épopées sont obligées d'y avoir recours. Il y avait, dans une église dédiée à Saint-Gildas, un loup à la gueule béante, dont on menaçait les enfants revêches et méchants. Dans les modifications qu'elle eut à subir, le loup disparut, et depuis, les enfants n'ont peur de rien. Il en est de même des peuples. On tombe toujours d'un excès dans l'autre, et sous prétexte de faire table rase de tout ce qui a charmé leurs jeunes années, délassé leur âge mûr, on finit par mettre leur esprit en garde contre ce qui dépasse les bornes étroites de la raison. On ne craint plus rien, parce qu'on ne croit plus à grand'chose.

Puisque j'ai touché cette corde, qu'il me soit permis, à titre de simples renseignements, de rapporter quelques-unes des superstitions qui existeraient encore, d'après Cambry, entre Morlaix et le pays de Lannion. C'est d'abord, Roc'h-Morvan ou la Roche-Morice. Il y a, rôdant toutes les nuits autour des ruines imposantes de ce château, un horrible dragon aux yeux flamboyants, aux griffes redoutables. Il dévore les hommes et les animaux. Malheur à qui se hasarde le soir à une heure trop avancée de la nuit, près de ce roc escarpé ! Il s'élance sur vous, puis rentre dans sa caverne que personne ne connaît. Il faut un saint pour le précipiter dans l'abîme et ce saint n'est pas encore venu.

A Plousané, près de Saint-Pol-de-Léon, on conserve le collier de fer qui sert toujours d'épreuves à ceux qu'aucune raison ne peut concilier. Quand saint Sané convertit ce peuple, encore payen, il obtint de Dieu, que pour finir les disputes on passerait ce collier au cou des deux contestants, et il ne manquait jamais d'étrangler le coupable ou l'injuste agresseur. Il conserve toujours cette vertu, ce qui doit rendre les procès extrêmement rares dans cette paroisse. Voyez sa fontaine ! Le marin qui y vient pieusement puiser de l'eau, pour la porter dans son frêle esquif, peut compter sur un vent favorable pendant deux jours ! Si vous avez la chance de recueillir quelques-unes des pierres olivâtres qui entourent le tombeau du saint, vous aurez sur vous un spécifique contre la peste et les autres maladies dangereuses, et pendant que vous les porterez, vous serez préservé du naufrage. Si la tempête vous jette du côté de la baie de Douarnenez, vous entendrez des cris de détresse sortir de ces flots. Ce sont les hurlements d'Ahès, ou Dahut, l'infâme fille du roi Grallon, qui causa la ruine de la ville d'Is, en trahissant le sommeil de son père, pour plaire au démon.

Si vous avez besoin de faire en peu de temps un long voyage, ayez dans votre poche un feuillet du bréviaire de saint Vincent Ferrier. Ce saint homme, de retour de Rome, s'aperçut qu'il y avait laissé son bréviaire. C'était au commencement de la messe; il s'en fut le chercher, et put continuer la messe sans que personne se fût aperçu de son absence. Si vous êtes pressé et que le bâtelier de Loquirec soit absent, prenez une pierre, asseyez-vous dessus, en invoquant saint Vouga, et vous passerez en un instant de l'autre côté de la rive. N'oubliez pas surtout de vous procurer une clochette que vous bénirez à Saint-Quémeau ; elle vous avertira du bien que vous devez faire et du mal que vous devez éviter. Enfin, quand votre cuisinier vous fera défaut, invoquez saint Efflam et aussitôt il vous enverra un des anges de lumières, qui préparait le repas pour lui et ses compagnons. Il peut se faire que dans les environs de nos bois le loup dévore votre âne. Ne vous inquiétez pas pour si peu ; faites un vœu à saint Hervé, et le terrible glouton viendra de lui-même s'atteler à votre charrue, sans toucher aux moutons qui logeront dans la même étable. Rencontrez-vous, par hasard, quelques cheveux égarés, tombés d'une tête de vingt ans, soufflez-les dans l'air, en observant la forme qui vous sera indiquée par le sorcier du village, et ils se changeront en animaux du genre et de l'espèce que vous désirerez. Par le même procédé, vous pourrez changer votre bâton en petit chien noir, en aigle et en lion. L'aigle vous portera dans l'espace, le lion dévorera vos ennemis, et votre chien noir vous conduira aux ruines de Coatmen ou de Tonquédec, où les fées ont caché leurs immenses trésors. Vous vous adresserez avec politesse à ces bonnes vieilles, et la fête de Noël, à minuit, elles vous permettront d'y puiser à pleines mains, durant le *Gloria in excelsis*.

Il vous est arrivé d'apercevoir quelquefois, dans une lande déserte, une sorte de tourniquet enflammé ; c'est *yan gand edan*, espèce de farfadet qui a une chandelle allumée à chacun de ses cinq doigts. Il les tourne avec la rapidité d'un rouet, pour écarter les curieux des trésors qu'il y garde. Si vous entendez dans l'air, pendant une nuit calme le bruit d'un chariot mal graissé, cachez-vous, c'est la mort qui passe, et il faut qu'elle emporte quelqu'un du quartier. S'il y a un voisin qui consente à mourir, les autres n'ont rien à craindre, jusqu'à son premier passage. Il y a, non loin de chez-vous, les ruines d'un moulin, dont les débris sont encore éparpillés çà et là. C'était autrefois une riche maison où l'on aimait le plaisir. La nuit, les jeunes gens du pays s'y rendaient pour boire, danser et jouer aux cartes. Un jour il y eut une réunion plus brillante que d'habitude ; c'était la veille de Noël, et on s'y livra aux jeux avec plus d'ardeur que jamais. Un jeune homme, très aimable, se présente à la soirée. Il ressemblait à chacun des villageois, et cependant personne ne le connaissait. Il était riche et perdait beaucoup, sans trop jurer. Le clocher de l'église sonne dix heures; il est temps d'aller à l'office. L'étranger fit des instances ; il voulait se rattraper, puis n'aurait pas l'occasion de venir de si longtemps ! Voilà onze heures : on joue toujours, puis minuit, l'heure solennelle ! La terre tremble avec un bruit affreux : on entend un ricanement moqueur ; l'étranger laisse paraître ses cornes et ses pieds fourchus. Aussitôt le moulin et ses hôtes impies disparaissent dans le gouffre creusé par la dernière secousse, et voilà tout ce qui reste de cette nuit épouvantable ! Il y a bien longtemps de cela, et cependant tous les ans, à pareil jour, à minuit, le passant entend sous terre des cris lamentables auxquels répondent les rires de cent mille démons. La terre tremble de nouveau, quelques lueurs bleuâtres rasent le sol, et tout rentre dans un silence de mort. Nul être vivant n'ose approcher de ces ruines lugubres.

N'avez-vous pas vu quelquefois des fantômes habillés de noir, portant en main des torches allumées. Ils s'avancent lentement comme sortant de la mer ou de quelques chapelles abandonnées, récitant, d'une voix sépulcrale, des prières qui vous glacent d'effroi. C'est peut-être la *Mesnil Helleguin*, comme on le disait au moyen-âge ! Non, c'est une procession de morts ! Approchez-les, si vous l'osez, et vous reconnaîtrez toutes les personnes décédées dans l'année. Cette horrible vision disparaît dans un carrefour, près d'une croix : chaque mort rentre en terre, puis rien ne paraît. N'approchez jamais de ce lieu maudit, sans vous signer devant ce calvaire ; et ajoutez un *requiescat* pour ces infortunés que vous avez vus un instant.

Avez-vous la fièvre tierce, la plus terrible de toutes, rendez-vous à minuit encore, mais pas seul, à la fontaine Crignac. Tout le monde la connaît et se fera un devoir de vous y conduire. Buvez-en de l'eau trois fois, dans le creux de la main, trois nuits consécutives, et si vous n'êtes pas guéri, il ne vous reste qu'à dire, comme le paysan des environs de Quimperlé : « Je me décide à la mort. » Il est encore un autre remède plus efficace peut-être. Vous connaissez une espèce de peuplier blanc, qui tremble au moindre vent ; suspendez-y quelques cheveux avec la rognure de vos ongles, et vos frissons passeront en peu de temps. Tous ces remèdes ont bien l'air d'être pris dans Pline, d'où les savants les ont autrefois transmis à la Bretagne. J'en passe, et je reviens aux sorciers qui exercent encore une certaine action sur les esprits faibles.

Il y a, dit-on, des champs qui renferment des trésors cachés. Ce sont généralement des tonneaux d'or et d'argent, que gardent avec soin une vieille fée, un serpent et un barbet noir. Les sorciers connaissent les champs et les endroits favorables. Il faut le consulter. Il vous conduira à minuit quand la lune brillera de tout son éclat. Il fera creuser une fosse profonde par les hommes qui l'accompagnent et ont l'habitude de ces sortes de trouvailles. Le silence le plus absolu est de rigueur. Déjà la pioche a touché le trésor qui retentit. Là dessus vous exclamez vous-même de joie et de bonheur, et le charme est rompu. Le tonnerre gronde, l'éclair brille dans un ciel naguère si pur, et le tonneau retombe à mille pieds dans l'abîme. Il ne reste plus que la ressource de recommencer l'opération, au premier croissant de la lune nouvelle. Ce moyen que nous avons vu nous-même employer, n'est pas le plus efficace. Il en est un autre et le voici :

Au moment où l'on chante l'évangile du jour des Rameaux, les démons sont forcés d'étaler leurs trésors au soleil. Ils peuvent cependant les déguiser sous la forme de pierres, de feuilles et de chardons sur l'esplanade de quelques vieux châteaux. Approchez avec de grandes précautions, et jetez sur ces objets si simples en apparence, quelque chose de bénit ; par exemple un chapelet, et aussitôt, pierres, feuilles et chardons reprennent leurs premières formes et vos yeux sont éblouis à la vue de tant de trésors ! Vous pouvez y puiser à pleines mains, pendant que les prêtres chantent cet interminable évangile, qu'on appelle la Passion !

Les Juifs profitent de ce moment, où les bons chrétiens sont à l'église, pour prendre leurs richesses aux diablotins qui ne les gardent pas bien. D'autres ont recours à un moyen plus facile encore. Ils achètent une poule noire, mais d'un noir d'ébène sans tache. Il n'en manque pas, mais elles sont très recherchées et pour cause. Au coup de minuit, je ne sais plus quel jour de l'année, ils entr'ouvrent leur porte, et le diable qui est très friand de cette sorte de marchandise, vous demande cette poule et on la lui vend le prix que l'on veut.

Un homme bien avisé, et il en est encore un bon nombre, observe surtout les fontaines qui peuvent lui donner des indications précieuses. Celle de sainte Gertrude, par exemple, bouillonne tout le temps que l'église met à chanter la préface de la Sainte Trinité. C'est l'annonce d'une bonne récolte. Il en est d'autres comme celle de sainte Honorée, dans la vieille église de Laguengar, qui ont la vertu d'augmenter le lait des nourrices. Un jeune indiscret en but un jour par dérision. Il n'est pas besoin de vous dire ce qui arriva. Le pauvre jeune homme dut faire bien des pèlerinages et des prières avant d'en être guéri.

Le jour des Rois on mange un gâteau dans chaque famille. Ne manquez jamais de faire la part des absents et de la conserver précieusement. A certains indices, elle vous fera connaître l'état de santé ou de bonheur de ces êtres chéris. De plus, ce gâteau béni a la vertu de faire parler les enfants qui tardent trop à prononcer leurs premiers bégaiements, toujours chers à la mère. Les petites filles en sont, dit-on, très friandes.

Les abeilles, par leur fidélité à rentrer dans leur ruche le soir, forment pour ainsi dire, une partie de la famille. Voilà pourquoi on leur fait une part dans ses joies et ses douleurs. Des morceaux d'étoffe noire indiquent le deuil, et des rubans de couleur, les mariages et les naissances. Sans cette délicate attention, cent gentilles ouvrières quittent et abandonnent le logis. Il en est de même des chevaux, ces utiles compagnons du laboureur. Ils sont sujets à des maladies fort graves, et en guérissent fort difficilement, si, lorsqu'ils éternuent on n'a soin de leur dire : Que le bon saint Eloi vous assiste.

Quelquefois il arrive que la ménagère ne peut pas venir à bout de baratter son lait. C'est qu'un vent mauvais a été soufflé, par un tailleur qui est entré pour allumer sa pipe ; on n'a pas répondu avec assez de politesse à son salut. Battez votre lait pendant huit jours, si vous le voulez, de beurre, point ! à moins que vous ne fassiez un vœu à saint Herbot. Aussitôt le lait se couvre d'un beurre frais et vermeil, et le sorcier, le méchant sorcier en a été pour sa peine.

Il serait facile de prolonger cette liste de superstitions plus ou moins admises encore dans nos campagnes. Il suffit d'avoir dit que ces pratiques, peu dangereuses en général, ne sont le plus souvent que des plaisanteries inoffensives, propres à égayer, dans la bouche d'un bon conteur, les longues soirées d'hiver de nos fermes isolées. Ces récits valent bien, après tout, la lecture de toutes ces feuilles politiques qui pénètrent jusqu'aux moindres hameaux, et infiniment mieux que ces romans éhontés, qui donnent tant de vogue à d'infâmes journaux. C'est en corrompant le cœur qu'on aura bientôt faussé l'esprit et le caractère si loyal du paysan breton.

Nous avons fait entrer le lecteur dans cette étude par les magnifiques avenues de Kerduel, en réveillant les grandes ombres d'Arthur et de ses valeureux compagnons. Après l'avoir arrêté au pays de Lannion, sans nous en écarter beaucoup, pendant ces années si fécondes en bonnes œuvres, qui ont couronné le XVIIe siècle dans notre pays, nous lui ouvrons les portes au large, pour revoir nos landes fleuries avec leurs fraîches légendes ; nos collines entourées de vallées ombreuses, où se dessinent encore quelques menhirs surmontés de la croix du salut ; nos élégantes chapelles aux clochers aériens, où se reposent les anges pour écouter le son du biniou ; les ruines imposantes de nos anciens châteaux-forts ; les sombres mystères qui planent sur leurs donjons croûlants ; leurs impénétrables souterrains, terreur du pâtre qui en éloigne soigneusement son troupeau ; nos côtes hérissées de rochers aux formes fantastiques, éternellement battues par les vagues écumantes. Mille phares aux sommets élevés se détachent le jour sur l'azur des flots, et éclairent la nuit ses passages dangereux. Nous avons osé pénétrer dans les foyers de nos plus humbles chaumières, où s'abritent encore les chants et les récits de notre glorieux passé. C'est là que M. de la Villemarqué les a glanés pour former la splendide corbeille de *Barzas-Breiz* ; notre Brizeux aux accents suaves et sympathiques, les a chantés sur un mode harmonieux, et les peintres bretons les ont rendus sur leurs toiles savantes, avec une fidélité et une grâce parfaites.

Partout, nous trouvons une population forte et laborieuse, un peuple qui croit en Dieu et honore ses saints ; des poètes qui chantent ses exploits et des écrivains que la France admire. Nous n'aurions pas besoin, pour cela, de sortir de notre région, ni de parler une autre langue que celle de nos aïeux, la plus ancienne, on le croit, et peut-être la plus harmonieuse, malgré les préventions contraires, d'ailleurs peu justifiées.

M. le Brigant, de Pontrieux, ce savant original qui fut l'ami et le collaborateur de La Tour d'Auvergne, a prouvé, dans un ouvrage peu connu, que le Paradis terrestre était à Quimper-Corentin. C'est là que nos premiers parents auraient été créés, puis transportés après leur faute jusqu'au centre de l'Asie. Adam prit soin d'en instruire ses enfants : « Allez, leur dit-il, allez toujours vers les régions où le soleil se couche ; vous arriverez à la fin de la terre : c'est là le berceau de notre famille. Aimez ce pays, c'est le plus beau sous le ciel de Dieu. » Bien entendu, c'est en breton qu'il leur parlait. Ses descendants par Gomer petit-fils de Noé, sont venus de bonne heure dans la presqu'île bretonne, et y ont implanté cette race d'hommes forts avec les vertus un peu rudes de leurs ancêtres. Ce sont les Gomayriens ou, comme disent les savants, les Ayriens, en abrégeant ce nom. Ils se distinguent encore, par certains traits saillants, des autres peuples qui sont venus les rejoindre depuis. Ce peuple s'est attaché au sol de la Bretagne, avec la ténacité qui le caractérise, et rien ne saurait le déterminer à s'en éloigner. S'il est obligé de le quitter pour quelque temps, l'espoir seul d'y revenir peut le soutenir contre ce mal terrible, appelé *Kleved ar ger,* le mal du pays. Brizeux lui-même n'en fut point exempt. Dans les gondoles de Venise, au pied du Capitole, devant le Dôme de Florence, et jusque sur le fort Saint-Elme, il se sentait comme malade au souvenir du Scorff et d'Arzanno :

> Et durant ces discours, si quelque souvenir
>   Me revenait de ma patrie,
> Pour rafraîchir nos fronts, il semblait qu'un zéphir
>   Passait dans notre causerie.

§ XX. — De la langue parlée par les Missionnaires.

En disant un mot de la langue bretonne, telle qu'elle se parlait au XVIIe siècle, je me garderai bien d'entrer dans de trop longs développements. Ce serait fastidieux et peu utile à la plupart des lecteurs. Cependant, comme il est de bon ton aujourd'hui de parler des langues primitives, et de la langue celtique en particulier, on ne trouvera pas mauvais que j'en dise moi-même un mot en passant.

Les langues vieillissent, disait F. W. Edward, et, par conséquent, subissent des changements qui les éloignent plus ou moins de leur caractère primitif. Il en est chez qui cette marche est très lente, et qui n'éprouvent que de légères modifications. L'autonomie d'un peuple contribue beaucoup à la conservation de sa langue. Ainsi, le *gallois* qui, dans l'origine était le même que notre breton, a peu varié dans un laps considérable de temps, et diffère à peine de ce qu'il était à l'époque reculée dont il nous est resté des monuments. Ce sont les Bretons du pays de Galle, du sud de l'Angleterre, qui ont élevé et gravé dans leur langue le beau monument de M. Le Gonidec, au cimetière de Lochrist, près de la pointe de Saint-Mathieu, dans le Finistère. Une légende rapporte qu'en 1758, au combat de Saint-Cast, en face de la baie de

Saint-Malo, une colonne de Bretons, des environs de Tréguier, marchant contre un détachement anglais de ce pays, qui chantait un air national, s'arrêta : cet air était un de ceux qui retentissaient tous les jours dans les bruyères de la Bretagne. Electrisés par des accents qui parlaient à leur cœur, les Trécorrois cédèrent à l'enthousiasme et entamèrent le refrain patriotique. Les Gallois, à leur tour, restèrent immobiles. Les officiers des deux colonnes commandèrent le feu ; mais c'était dans la même langue, et leurs soldats semblaient pétrifiés. Cette hésitation ne dura pourtant qu'un instant : l'émotion l'emporta bientôt sur la discipline ; les armes leur tombèrent des mains, et les descendants des vieux Celtes renouèrent sur le champ de bataille les liens de fraternité qui unissaient jadis leurs pères. M. de Saint-Pern, qui rapporte ce fait, l'a entendu répéter par plusieurs personnes, et le chant du combat de Saint-Cast, dans le *Barzas-Breiz*, semble confirmer cette légende. « Les archers d'Angleterre, en entendant ce chant, restèrent immobiles d'étonnement, tant étaient belles la mélodie et les paroles qu'ils semblaient charmés. — Archers d'Angleterre, dites-moi, vous êtes donc las que vous n'avancez plus. — Si nous nous arrêtons, nous ne sommes point las : nous sommes bretons comme ceux-ci. — *N'ed omp ket skuiz pa ehanomp, kouls a rehont, bretonned omp !* »

La langue bretonne a beaucoup souffert, d'abord pendant l'occupation quatre fois séculaire de cette province, par les légions romaines, ensuite par l'annexion de notre province à la France, moins cependant dans sa forme et sa constitution que dans son étendue. Elle a éprouvé des pertes énormes ; mais ces pertes, je le répète, portent plutôt sur la richesse que la nature de cette langue. Elle ressemble à ces statues mutilées, dont ce qui reste a conservé les contours et les proportions des formes : les pertes, en un mot, consistent plutôt dans le choix des expressions, que dans la richesse de la structure. Il est donc à présumer que la prononciation a été altérée dans certains points ; et comme la langue bretonne était peu écrite, on s'est appliqué plus tard à l'écrire telle qu'on la prononçait. De là, des divergences qui devraient disparaître, avec une bonne orthographe, d'après les règles d'une grammaire sérieuse et autorisée.

Le savant auteur et professeur de langue celtique, au collège de France, M. de Jubainville, a fait de belles études sur le breton primitif ; mais nous ne pouvons le suivre dans ses curieuses recherches de la langue irlandaise, où il est allé chercher l'origine de la nôtre ; cependant, comme plusieurs de nos saints sont venus de cette île, il est à présumer qu'ils ont apporté chez nous quelques mots usités dans leur première patrie. C'est ainsi que Pompeia, se prononçant Compeia, en

Irlande, il n'est pas étonnant que la mère de saint Tugdual, qui s'appelait *Poupaia*, se prononce aussi *Coupaia*, au pays de Tréguier, et par abréviation *Coupe*, prénom porté par plusieurs femmes dans ce pays. En fait de prononciation, nous nous bornerons à faire remarquer que la *gutturale* devient *dentale*, selon le dialecte dans lequel on parle. Ainsi Guéc'hennec et Guézennec, sont le même mot. Il en est de même de *laza* et *lac'ha*, de *Daoulac'h* et *Daoulas*, de Penroc'h et Penros et par suite Perros ; ainsi qu'une foule d'autres mots, dont on trouvera facilement la parenté, en observant cette règle.

Les plus anciens écrits que nous trouvons dans cette langue dénotent déjà une grande altération, aussi bien du côté de la prononciation que de la structure des mots. Ainsi, M. E. Ernault, professeur de langue celtique à l'Université de Poitiers, a-t-il été obligé de faire une sorte de dictionnaire, qu'il a appelé de *breton moyen*, pour étudier cette altération, résultant du mélange du breton et du français, dans le *mystère de Sainte-Barbe*, en particulier. On pourrait bien continuer cette même étude, pour la langue parlée par le P. Maunoir et ses compagnons, au pays de Lannion, et, je l'avoue humblement, pour la langue que nous parlons nous-même dans ce même pays. Nous n'avons qu'une excuse, si c'en est une, c'est de nous mettre à la portée de nos auditeurs !

Cependant, le peuple parle mieux que nous, et c'est en nous mettant plus souvent en communication avec lui, que nous pourrions sauver notre idiome, qui s'en va lentement de nos campagnes, pendant que les savants l'enseignent dans les chaires des hautes études à Paris et ailleurs.

Nous ne pouvons juger du breton du XVIIe siècle, que par les écrits du P. Maunoir et de ceux qui ont travaillé avec lui, pour les missions bretonnes. Nous admettons bien volontiers, qu'il y a eu quelque chose de surnaturel dans cette facilité d'apprendre notre langue, qui lui a été communiquée ; mais il faut convenir aussi que le bon Père ne reculait pas devant la *bretonnisation* du mot français, dont il ne trouvait pas l'équivalent. On croit généralement que les cantiques bretons que nous chantons, et que nos prières dans la même langue doivent lui être attribués, à lui ou à quelques-uns des missionnaires de l'époque, M. le Nobletz ou autres. Or, comme nous pouvons nous en convaincre en les lisant, ce sont le plus souvent une traduction, par trop littérale, des mêmes cantiques et prières en français. A part quelques mots d'une origine toute celtique, les autres mots sont généralement des mots français, avec la terminaison et la tournure bretonne. Le moule est resté le même, mais la matière qu'on y a versée a notablement changé. Notre catéchisme, hélas, ne le dénote que trop bien. Pour nous consoler d'ailleurs, nous n'avons qu'à jeter les yeux sur les autres langues, qui se parlent autour de nous ; l'anglais, par exemple, et peut-être encore plus l'italien. Les langues finiront ainsi par se confondre avec le mélange des peuples, à moins qu'il ne s'élève encore quelque tour de Babel, pour les confondre toutes.

Nous devons le dire en passant, nos compatriotes sont très tolérants sur ce point ; et, à moins que l'on n'abuse d'une manière trop criante de cette permission, ils nous l'accordent bien facilement et notre paresse s'en empare plus facilement encore. Il est difficile de savoir à qui il convient d'attribuer les premiers pas dans cette voie déplorable, depuis le passage des missionnaires. Peut-être aux premiers qui se sont fait imprimer, et à ce titre nous trouvons les livres composés, par certains prêtres de Cornouaille et du Léon, comme aussi de deux ou trois au pays de Tréguier, que nous avons sous les yeux. Ils ont rendu service, je l'avoue, mais ils en eussent rendu un plus grand encore, s'ils avaient été écrits dans un breton convenable. Après ces livres, viennent les innombrables guerz, imprimés à Morlaix, compositions de nos bardes de tous les noms. Aujourd'hui, après une réaction de quelques années, à la tête de laquelle nous trouvons encore le clergé, on est arrivé à peu près à un milieu qui plaira. Il faut dire que Mgr David, l'évêque qui a tant fait pour la diffusion et la conservation de la langue bretonne dans son diocèse, a donné la note juste, la limite que l'on doit respecter et qui l'a été généralement de son temps : *Ne quid nimis :* rien de trop en fait de purisme.

Il y aura donc, je l'espère, une reprise des travaux commencés au dernier siècle et un peu dans le nôtre. En observant bien les mots réellement bretons, en les mêlant, avec discrétion, aux autres expressions empruntées forcément aux autres langues, que nous sommes obligés de parler, nous arriverons à une correction suffisante, et à une netteté de diction, qui fera encore honorer notre bel idiôme, qui dans son énergie sert si bien à peindre les effets de la nature et les passions les plus vives. Pour ce qui est de la tournure de la phrase et de la forme des expressions, de ce je ne sais quoi qui distinguera toujours un peuple d'un autre, par son langage, de l'accentuation même plus ou moins cadencée, suivant qu'on passe d'une région à une autre, on ne les changera jamais, et M. Flammik de Brizeux, qui ne parle plus le breton depuis qu'il est allé flâner dans les villes, et n'est pas arrivé à parler le français, sera toujours ridiculisé dans son pays : *Ne ket mui brézonnec, ha ne ket c'hoäz gallek.* L'habit suit la langue, et il y a autant de variétés dans l'un comme dans l'autre. M. Flammik, revenant dans son pays tout de neuf habillé, n'est pas moins plaisanté pour son veston que pour son étrange langage. Ce n'est plus un campagnard, ce n'est pas encore un bourgeois : *Ne ket mui ar méziad, ne ket c'hoaz ar potr ker.*

Les dialectes étant donc si variés, et les missionnaires de pays si différents, on comprend les difficultés qu'ils durent éprouver pour prêcher à tant de populations de langues différentes, au moins pour la prononciation et la forme. Le Léonard et le Trécorrois se comprennent facilement, bien que le premier parle un peu plus du bout de la langue. Le dialecte de Cornouaille est un peu différent, même quant aux mots, et celui de Vannes, le moins correct de tous, se distingue des autres par les mots et surtout la consonnance finale. On doit cependant de la reconnaissance aux jeunes écrivains de Vannes, pour s'être débarrassés de ce *caractère* d'aspiration qui existait autrefois même dans le latin, et que les dictionnaires français mettent à l'*h* aspiré, comme le faisaient les grecs, pour l'esprit rude devant leurs voyelles, je veux parler du c', qui, dans notre idiome, indique toujours une aspiration propre à donner des frissons à ceux qui en commencent la lecture. Au moyen-âge, on écrivait en latin *michi*, *nichil* et *nichilominus*, pour *mihi*, *nihil* et *nihilominus*, et comme si cette lettre n'indiquait pas assez l'aspiration, nous y avons ajouté une espèce de virgule, qui était le caractère de l'esprit rude

8

chez les Grecs. Imitons donc, en cela, l'initiative heureuse, selon moi, des Vannetais et n'employons jamais l'*h* que pour exprimer une aspiration. On se mettra plus facilement à lire notre breton, sans se croire obligé de se déchirer le gosier, comme s'il s'agissait de lire l'allemand.

Je sais que cette tentative a déjà été faite dans quelques-uns de nos Congrès savants, et respecte infiniment les raisons qui ont été données pour la conservation de cette forme par trop archaïque ; mais il suffit de s'entendre et de prendre tous les moyens possibles pour conserver par ailleurs à notre pays sa langue primitive, sans déconcerter les étrangers qui seraient tentés de l'apprendre. On dira bien sans doute avec Brizeux : *Kant bro kant kiz, kant parrez kant iliz*, cent pays cent usages, cent paroisses cent églises ; mais la langue étant le lien le plus naturel entre les peuples, il serait à souhaiter qu'on arrivât à une entente entre nos anciens Evêchés pour nous rattacher par un langage commun. Bientôt, en effet, nous n'aurons d'autres moyens de nous reconnaître que le langage et la foi, et l'une, je le crains bien, ne se conservera pas sans l'autre. Puisque c'est à Taulé, entre les deux grèves, que se parle, dit-on, le meilleur breton de toute la province :

En parrès à Daolé, antré au daou dreiz,
Eno ar bravo brezonnec a zo e Breiz,

allons, s'il le faut, l'étudier dans cette paroisse,
pour l'enseigner dans toutes les autres, avant que
l'élément français qui nous envahit ait effacé aussi
notre chère et bien-aimée langue bretonne ; et
qu'on soit obligé d'écrire sur la tombe de quelque
vieille obstinée à la parler toujours :

The old doll Pentreath the lost roho jobberet cornish
La pauvre vieille Pentreath, la dernière qui bara-
(gouina le *breton*.

Nous n'en sommes pas encore là, Dieu merci :
« Conserver votre langue vous aidera à conserver
« votre foi, disait M⁰ Bélouino ; en la cultivant
« vous resterez un peuple. Les chemins de fer
« amènent jusqu'au fond de notre vieille province
« les hommes et les écrits du jour ; nos anciennes
« coutumes disparaissent peu à peu, sous l'in-
« fluence pernicieuse de cette fièvre étrange qui
« pousse la France à se faire la servile imitatrice
« de Paris ; nos cités ont altéré leur physionomie,
« et nos cœurs, hélas ! ont fléchi avec le reste.
« Mais à la Bretagne reste sa langue. Or, disait
« un homme qui l'a tendrement aimée et qui lui
« a consacré ses travaux et ses veilles, les peuples
« ont une arche sûre qui brave les eaux du déluge
« et qu'aucune tempête ne peut engloutir, une
« arche où se trouve le dépôt de leurs pensées,
« de leurs sentiments, de leurs connaissances,

« de leur civilisation, c'est leur langue. » (*M. de la Villemarqué*). Cette arche nous ne la quiterons jamais. « Sachez, s'écriait avec emphase naguère un orateur, que vous arrêterez plutôt le mistral quand il souffle, et la Durance quand elle déborde, que la langue provençale dans son triomphe. Sachez que vous serez tombé depuis longtemps, alors que le provençal, toujours jeune, parlera encore de vous avec pitié. » Ne peut-on pas en dire autant de notre langue, de cette langue, dit élégamment un de nos plus charmants poètes, qui ne doit rien à *personne* !

> Depuis quelques mille ans son dur accent raisonne;
> Durant cinq siècles, Rome avec elle a compté,
> Et s'est heurtée en vain, à son rythme indompté.
> Les conquérants romains, leur orgueil, leur victoire
> Dorment dans le linceul, qu'a recousu l'histoire;
> Les Césars ne sont plus et le latin est mort...
> Mais le breton se parle aux rives de l'Armor !
> Caprice singulier des fortunes humaines !
> Oui, l'écho foudroyant de ces gloires romaines,
> La langue des Césars, des Brutus, des Catons
> Est morte ! et nous parlons le celte, nous Bretons !
> <div align="right">(<i>Fr. Fontenelle</i>).</div>

Nous la conserverons à condition d'en faire presque exclusivement la langue du foyer domestique, du temple et des muses qui voudront chanter les charmes austères et raconter les légendes de notre pays, c'est une dame de haut lignage qui se trouverait déplacée dans les luttes de la presse, la chicane du barreau, et surtout l'ordure du roman ! (L. B).

C'est dans le domaine des muses surtout, que la langue bretonne se promène avec une grâce élégante et une fierté qui s'impose. Tous les peuples écoutent les chanteurs, avec un recueillement généreux ; mais ceux de la Bretagne ont tout fait pour mériter ce respect. Leur rôle n'est pas seulement d'amuser et de plaire ; ils ont une autre mission plus grave à remplir. Ils sont les conservateurs de la langue, des annales populaires, des bonnes mœurs et des vertus sociales. Ils sont même un des plus grands instruments de la civilisation qui ne peut avoir pour base que ce qui est beau, bien et honnête ; car le chanteur breton a compris cette mission, et l'a remplie avec dévouement à toutes les époques de notre histoire, et nous osons le dire, il la remplira encore dans ce long avenir que lui réserve la ténacité de sa race. Comme les bardes anciens, il a chanté les destinées de sa patrie, ses malheurs et ses espérances. Ni les tortures ni les supplices ne l'ont arrêté. Quand le Franc victorieux lui a coupé la langue, il souffle toute l'énergie de son âme dans l'instrument national, le biniou, et le peuple qui l'écoute comprend cet accent que sa bouche ne peut plus prononcer, et le chantre, devenu musicien, se fait toujours comprendre de ses frères. Après avoir chanté ces héros anciens, Arthur, Lez-Breiz, Noménoé et tant d'autres qui ont porté au loin la gloire de la Bretagne ; nos poètes, nouveaux Tirtés, ont soutenu de leurs accents patriotiques le courage des Bretons que les hommes du Nord menaçaient de tous les côtés. Ils célèbrent les glorieuses rencontres où leurs compatriotes ont eu l'occasion de se signaler. Ils chantent la bravoure des *Trente*, l'héroïsme de Jeanne de Monfort, le retour de Jean le Conquérant, le courage de Gouiquet qui défendit Guingamp contre Rohan, gagné par les honneurs et l'or de la France. Plus tard, ils chanteront encore les défenseurs de la liberté pauvre mais fière de leur pays, les du Dresnay, les Pontcallec et une foule d'autres, morts pour avoir soutenu d'une main ferme le drapeau de l'indépendance ; puis, lorsque cette indépendance s'est fondue elle-même dans la liberté de la nation à laquelle la Bretagne a uni ses destinées, la muse guerrière, se dépouillant de son armure, se réfugie dans le sanctuaire domestique, à l'abri de nos vieilles croyances, auxquelles elle prêtera désormais ses accents pacifiques. Toujours préoccupée de ces principes, qui ont fait la force de nos aïeux, elle se montrera pleine de respect pour l'équité, honnête, morale, impartiale et sérieuse, et montera d'un pied léger dans les sentiers qu'elle aime, entraînant tous les cœurs et conservant sur la multitude un empire immense et absolu. « Le poète est plus fort, dit le proverbe, que les trois choses les plus fortes, le mal, le feu, et la tempête. » A l'orphelin, ses complaintes trouvent d'autres parents ; au naufragé, une nouvelle patrie, et elle reconstruit son toit de chaume au malheureux dévoré par l'incendie.

Réunis le soir devant un large foyer, les paysans des campagnes bretonnes, vieillards, jeunes gens, jeunes filles et garçons semblent se transformer par le pétillement de la flamme qui seule éclaire la chaumière ; ils chantent et content tour à tour. Puis survient un poète ambulant, qui va chantant de ferme en ferme, en s'accompagnant d'une espèce de violon à trois cordes, aux accords grinçants. Il est accueilli avec bonheur : la soirée se prolonge, et il paie en chansons l'hospitalité qu'on lui donne. Il se rend à petites journées à une de ces fêtes religieuses connues sous le nom de *Pardons* dès le XIIIe siècle ; et là il arrêtera la foule attroupée autour de lui, pour écouter le chant d'un événement passé depuis longtemps, quelques chagrins survenus dans les tourelles d'un château, la légende du saint ou des cantiques aux louanges de Dieu. C'est dans ces grandes réunions pour la religion, que s'est de tout temps exercée la verve poétique de tous les peuples. Le christianisme n'a pas dû aller à l'encontre de ce qui formait le fonds de leur caractère : il n'a détruit ni leurs usages ni leurs cérémonies : il les a seulement transformés : le menhir reste toujours debout, mais la croix le domine, et la statue d'un de nos saints a remplacé celle d'une déité quelconque préposée à la garde des fontaines. C'est dans ces fêtes et ces cérémonies, bien embellies, sans doute, par la religion, que la foule trouve une diversion passagère aux soucis journaliers de sa triste et misérable existence. Les protestants ont tout dépoétisé partout où le souffle de leur triste doctrine a passé, et ils voient d'un œil indifférent nos belles fêtes religieuses, si propres à élever l'âme et à consoler le cœur. Eh bien, c'est la poésie, le chant et la musique qui fait le charme de ces fêtes, et comme dans l'Eglise, en quelque coin isolé du monde qu'on se trouve, on est toujours dans sa patrie, il n'est plus besoin de suspendre ses harpes aux saules de l'exil, et nous pouvons chanter toujours avec joie et bonheur la gloire de notre Dieu et les vertus de nos saints protecteurs, dans la langue et la douce mélodie de nos pères.

Au moyen-âge, dit M. de la Villemarqué, à qui nous avons fait plus d'un emprunt dans ces lignes décolorées ; au moyen-âge, les Bretons Cambriens et les Bretons d'Armorique, dans toutes leurs solennités, chantaient cet antique refrain : *Non! le roi Arthur n'est pas mort!* Le chef illustre qui savait vaincre leurs ennemis était encore pour eux, à cette époque, un symbole de nationalité politique !

Quand je détourne mes regards vers cette poétique terre de Bretagne qui reste immobile, alors que tout s'agite et change autour d'elle, ne puis-je répéter avec les Bretons d'autrefois : *Non, le roi Arthur n'est pas mort !*

APPENDICE

UN GRAND APOTRE ET UN ILLUSTRE PÉNITENT

§ XX. — Le Bienheureux Grignion de Montfort.

Pour compléter ce travail sur les missions bretonnes, nous croyons devoir dire un mot de deux illustres personnages, dont la sainteté et les vertus ont jeté un si vif éclat sur la Bretagne, à la même époque : le bienheureux Grignion de Montfort et Pierre Le Gouvello, plus connu sous le nom de Quériolet.

Louis Grignion naquit en 1675, dans la petite ville de Montfort, dont il a pris le nom. Il était l'aîné de huit enfants, et son père, simple avocat, n'avait qu'une fortune bien modeste. Il dut se gêner beaucoup pour donner une éducation convenable à chacun de ses enfants. Il le fit cependant et le jeune Louis avança tellement dans la science et la piété, qu'on put prévoir dès lors ce qu'il serait un jour, pour l'Eglise de Dieu. Les

Pères Jésuites de Rennes furent chargés de diriger cette intelligence d'élite, et leur jeune élève devint en peu de temps l'objet de leur complaisance et le modèle de ses condisciples. Les plus grands succès couronnaient chaque année ses efforts et son travail, pendant que sa piété et sa bonté lui attiraient l'estime et l'affection de tous ses camarades. Comme il y en avait un certain nombre de pauvres, Louis allait solliciter lui-même quelques secours pour eux, auprès des personnes charitables de la ville. Mlle de Jussé lui donnait, pour cela, des sommes d'argent assez considérables. Il s'en servait non-seulement pour venir en aide à leurs besoins, mais encore pour leur procurer des livres et les habiller. Les marchands avaient une telle confiance dans le pieux écolier et tant d'estime pour sa vertu, qu'ils lui donnaient à crédit quand les commandes dépassaient ses modiques ressources.

Un saint prêtre, M. Le Billier, aimait à réunir chez lui les jeunes étudiants, pour leur donner des conférences de piété et les habituer aux œuvres de charité. Il les envoyait porter ses aumônes aux pauvres de l'hôpital, avec quelques paroles de consolation pour ces malheureux. Grignion fut l'un des membres les plus assidus de ce *cercle* de piété, comme on le dirait aujourd'hui. Il passait ses heures de loisir auprès de ces malades, et c'est là, sans doute, qu'il puisa cet attrait particulier pour les pauvres qu'il conserva toute sa vie.

Ses parents ayant quitté Montfort pour venir habiter Rennes, et veiller plus directement sur l'éducation de leurs enfants, Louis se chargea lui-même d'être le précepteur de ses frères. Ce surcroît de travail, auquel il se donna de tout cœur, n'ôta rien à ses exercices de dévotion. Son père, croyant cependant que son fils y perdait un temps trop considérable, qu'il eût pu employer plus utilement pour son instruction et les leçons de ses frères, lui en fit plus d'une fois des reproches. Pour se consoler de cette persécution qui lui était bien pénible, le vertueux écolier allait prier aux pieds de Notre-Dame, dans l'église des Carmes, et demander à la Sainte Vierge les douceurs et les joies qui lui manquaient dans la maison paternelle.

A l'âge de dix-neuf ans, le jeune Grignion avait terminé ses humanités d'une manière brillante, et les portes de toutes les carrières s'ouvraient devant lui. Il choisit l'état ecclésiastique, qui depuis son enfance avait eu tant d'attrait pour son âme si pieuse et si pure. Il y trouvait un vaste champ pour sa charité et son zèle, et ses parents, qui ne voulurent jamais le contrarier sur ce point, l'envoyèrent au séminaire de Rennes pour faire ses études théologiques. Mlle de Martigny, qu'il avait eu occasion de voir quelquefois chez eux, lui ayant souvent parlé de Saint-Sulpice, le jeune séminariste eut le plus grand désir de se rendre à cette école. Son père n'ayant accueilli cette résolution qu'avec une extrême réserve, il fit le voyage à pied et presque en mendiant. Il y fut reçu à peu près gratuitement, à la condition qu'il s'emploierait à veiller les morts de cette paroisse. Le jeune séminariste accueillit cette proposition avec la plus grande joie, et s'acquitta de cette charge, souvent répugnante, avec une charité parfaite.

La mort du curé de Saint-Sulpice, qui avait fondé cette maison, mit tous ses élèves sur la rue. Le jeune Grignion dut s'adresser à M. Boucher, qui tenait un établissement à peu près semblable, mais complètement dénué de ressources. Chaque écolier devait lui-même faire la cuisine à son tour, et quelle cuisine ! Louis, élevé avec une délicatesse relativement plus grande, en tomba malade et dut être transporté à l'Hôtel-Dieu. « Quel honneur, disait-il, d'être dans la maison du bon Dieu ! » Les religieuses lui donnèrent les plus grands soins et ne se lassaient pas d'admirer sa piété et ses vertus.

Sa maladie fut longue et dangereuse, et pendant ce temps, Saint-Sulpice ayant été reconstitué, Louis y rentra dès sa convalescence pour se préparer à la tonsure. Le jour de son ordination, il reçut un petit bénéfice au diocèse de Nantes, et put continuer désormais ses études, sans avoir à se préoccuper de ses besoins. Son directeur, tout en le dirigeant dans les exercices de piété, lui laissa toute liberté pour la prière, et le pieux séminariste en profita pour s'y livrer avec toute la ferveur de son âme. On crut, comme à Rennes, que ses études devaient en souffrir et il ne fut pas envoyé suivre les cours de la Sorbonne. C'était pour lui une grande humiliation. Il se présenta une occasion de prouver qu'il était bien à même d'en comprendre les leçons. Il était d'usage de soutenir, dans la maison, des thèses où les élèves les plus forts étaient nommés examinateurs. On résolut donc de pousser vigoureusement le jeune Louis, avec l'intention de l'humilier davantage devant tout le monde. Il s'agissait d'une des questions les plus ardues de la théologie, de la grâce. Grignion répondit à toutes les attaques avec une science et une connaissance parfaite de la matière. Dès ce moment, il fut réhabilité dans l'estime de ses condisciples. Restait néanmoins sa piété qu'ils regardaient comme exagérée, et qui, en effet, lui faisait commettre bien des singularités, comme par exemple, de s'arrêter pendant une promenade pour prêcher sur le Pont-Neuf, à la foule arrêtée devant je ne sais quel charlatan, qui débitait toutes sortes de sottises pour vendre ses drogues. Louis supporta leurs reproches avec une grande patience, ce qui ne fit qu'augmenter sa vertu à leurs yeux.

Pour occuper cette ardeur qui débordait de son âme, ses supérieurs le chargèrent du catéchisme de la paroisse, et lui donnèrent les petits garçons les plus dissipés du quartier Saint-Germain. Ses condisciples croyant qu'il n'en viendrait pas à bout, coururent par curiosité assister à ses leçons. Quel ne fut pas leur étonnement quand ils virent ces enfants, si rémuants d'ordinaire, l'écouter avec une sagesse admirable. Il avait su les toucher en leur parlant des grandes vérités, et se les attacher par sa douceur et sa bonté.

Son cours de théologie terminé, Grignion fut appelé à la prêtrise. Il s'y prépara par une fervente retraite, et fut ordonné la veille de la Trinité, l'an 1700. Le lendemain il célébra sa première messe à l'autel de la Vierge, dans l'église de Saint-Sulpice, et demanda, par l'entremise de la Mère de Dieu, de connaître la voie qu'il devait choisir pour remplir les vues de la Providence sur lui. Il crut devoir se rendre d'abord à Nantes, pour remplir les obligations que lui imposait le bénéfice qu'il possédait dans ce diocèse. Il y trouva quelques prêtres qui s'occupaient des missions et songea d'abord à s'adjoindre à eux ; mais il les quitta bientôt, parce que leur doctrine était entachée de jansénisme.

Un voyage qu'il fit à Poitiers, pour visiter une de ses sœurs à Fontevrault, lui donna occasion de voir les pauvres et les malades de l'hôpital de cette ville. Son cœur s'émut de pitié pour ces malheureux, et il resta auprès d'eux pour leur donner des soins et les instruire de leurs devoirs. Peu à peu il se mit à prêcher dans la ville, et à faire des réunions d'enfants dans les halles, pour leur enseigner le catéchisme. Les portefaix eurent leur tour, et le jeune prêtre leur prêchait avec tant d'onction que tous fondaient en larmes. —

Ses soins se portèrent alors sur les étudiants de l'Université, dont la conduite était bien déréglée. Il commença par en convertir quelques-uns, et par ceux-ci gagna presque tous les autres. Il leur conseillait la fréquentation des Sacrements, avec la dévotion à la Sainte Vierge, leur procura de bons livres et leur apprit à passer sagement leurs moments de loisirs.

En apôtre fervent, Louis de Montfort, comme on l'appela désormais, profitait de toutes les occasions pour exercer son zèle et convertir les âmes. Ainsi, ayant été appelé à Paris, il se rendit à la Salpêtrière, cette merveille de la charité de saint Vincent de Paul, et se mit à soigner les malades. Au Mont Valérien, il y avait des ermites de saint Jérôme, qui ne parvenaient pas à s'entendre. Notre jeune missionnaire se rendit dans leur couvent, et par sa piété et ses saintes paroles y rétablit la paix la plus parfaite.

De retour à Poitiers, il allait chercher les pauvres les plus répugnants et les portait sur ses épaules jusqu'à l'hôpital, où difficilement quelquefois, mais avec succès toujours, il plaidait leur cause, les faisait admettre et leur donnait lui-même tous ses soins. Les Religieuses de cet établissement, trouvant son zèle un peu exagéré, il s'adressa à une pieuse fille qu'il dirigeait depuis quelque temps, et lui fit comprendre qu'il fallait, coûte que coûte, soulager tous ces malheureux. Cette fille, qui s'appelait Marie-Louise Trichet, appartenait à l'une des meilleures familles de la ville. Il choisit avec elle douze compagnes prises dans l'hôpital même, et leur donna le beau nom de *Filles de la Sagesse*. C'était le grain de sénevé devenu depuis un grand arbre, qui a abrité bien des générations d'enfants et adouci les plaies d'innombrables malades dans nos hôpitaux. Louis de Montfort leur a tracé un règlement qui porte l'empreinte de sa science profonde, et de son énergique piété. C'est une nouvelle famille dont ce bon prêtre allait enrichir l'Eglise de Dieu, famille aujourd'hui répandue dans la France entière, où *elle donne les plus grands exemples de vertus aux villes et autres lieux qui ont le bonheur d'en posséder des établissements.*

L'œuvre était fondée et Dieu l'a bénie. Quant au jeune prêtre, il était comme un feu dévorant dont rien ne peut restreindre l'action. Il quitte le service de l'hôpital de Poitiers, et se propose à l'Evêque pour fonder une autre œuvre non moins importante, celle des missionnaires. Avec l'agrément du prélat, il commence à prêcher dans un des plus pauvres quartiers de la ville, et surprit grandement ces braves gens peu habitués à entendre la parole de Dieu, en se voyant visités par un prédicateur plus pauvre encore que le plus malheureux d'entre eux. Ils se montrèrent dociles à sa voix, quittèrent leurs déplorables habitudes, et pour témoigner leur reconnaissance à la Sainte Vierge, que le pieux apôtre invoquait au commencement de ses sermons, ils lui bâtirent une petite chapelle qui fut désormais le rendez-vous de leurs prières. Montbernache reçut ainsi les prémices des prédications de Louis de Montfort, et fut comme le berceau de cette nouvelle congrégation de missionnaires, qui procurent le salut à tant d'âmes et font aimer Dieu et la France dans les colonies qui en dépendent.

La mission qu'il prêcha dans l'église des Calvairiennes de cette ville, lui attira quelques ennuis de la part de personnes d'un zèle outré ; mais le saint prêtre qui supportait tout avec patience, ne s'en émut que bien peu, et courut prêcher une autre mission dans l'église de Saint-Saturnin. C'était un faubourg mal famé. Il s'y dépensa avec un zèle incroyable, et termina les exercices par une procession générale, destinée à purifier les rues des souillures dont elles étaient journellement témoins. Plus tard, un hôpital des incurables, dirigé par les *Religieuses de la Sagesse,* perpétua le souvenir de cette grande mission.

La ville de Poitiers se trouva ainsi, comme sans le savoir et sans le vouloir peut-être, à être le berceau des deux plus importantes œuvres des premières années du XVIIIe siècle. Grignion de Montfort se voyait cependant persécuté, et craignant un moment de s'être égaré de sa voie, il eut la pensée de se rendre à Rome même, comme à la source de la vérité. Il exposa à Clément XI le but de son œuvre et aussi les obstacles nombreux qu'on lui opposait. Le saint Pontife l'écouta avec bienveillance, et lui recommanda de *travailler dans sa patrie, sous la dépendance des Evêques, de s'appliquer surtout à bien apprendre la doctrine chrétienne aux enfants et au peuple, et à faire fleurir l'esprit du christianisme par le renouvellement des promesses du baptême.* (Vies des Saints de Bretagne.)

Après avoir reçu à Rome les plus douces consolations, le saint missionnaire éprouva comme le besoin de revoir son pays et sa famille, dont il était séparé depuis si longtemps. Arrivé à Rennes, il descendit chez une pauvre femme, non loin de l'hôpital où il allait tous les jours soigner les malades. Pour montrer cependant que son cœur n'était pas insensible aux joies de la famille, il alla un jour ou deux dîner chez ses parents, qui furent bien édifiés de sa sainteté de vie et de son amour pour les pauvres. Après y avoir passé quinze jours, il voulut revoir Montfort, où il se présenta en pauvre et trouva à peine un logement. Pendant ces jours qui pouvaient être regardés comme un délassement dans sa vie si occupée, M. de Montfort se convainquit de plus en plus que les missions étaient les moyens les plus efficaces pour régénérer le monde. C'était aussi la pensée du P. Maunoir et de ses compagnons.

Ayant appris qu'il y avait une troupe de missionnaires qui évangélisaient la ville de Dinan, il s'y rendit pour se joindre à eux, et demanda à être chargé du catéchisme. Là, comme ailleurs du reste, il se montra si plein de compassion pour les pauvres, qu'ayant trouvé un jour l'un de ces malheureux tout couvert d'ulcères, il le prit sur ses épaules et le porta jusqu'à la maison des missionnaires, puis le coucha dans son propre lit. Son exemple fut suivi par plusieurs personnes pieuses de la ville, et de ce foyer de zèle et d'amour pour les pauvres, sortit la fondation d'une belle maison de charité, qui a été confiée depuis aux *Filles de la Sagesse*.

Le saint missionnaire, en suivant le cours de ses prédications, se rencontra avec M. Leuduger et se joignit à sa troupe d'apôtres. Il prêcha avec eux dans plusieurs villes de notre pays, et particulièrement à Saint-Brieuc. Le caractère de ses instructions fut aussi de faire connaître et aimer les souffrances de Notre Seigneur Jésus-Christ, en y joignant les douleurs de sa sainte Mère. A la Chèze en particulier, après avoir restauré la chapelle de la Vierge, aujourd'hui église paroissiale, il y fit dresser un autel à Notre-Dame de Pitié, qui est encore la grande dévotion du pays.

Après avoir passé trois mois à Saint-Brieuc, édifiant tout le monde par sa vie pauvre et austère, et touchant profondément les cœurs par l'onction de sa parole, Louis de Montfort se rendit à la suite de M. Leuduger, pour la grande mission de Moncontour. En arrivant dans cette ville, il se jeta à genoux au milieu de la place publique où le peuple était réuni. Tout le monde l'imita, et les exercices furent merveilleusement suivis. Il ne resta cependant que peu de jours auprès de ce zélé directeur, et repassa encore par Montfort pour se rendre à la mission de Nantes, dirigée par le R. P. Joubert. Il y prêcha avec tant de force contre les vices, que de jeunes libertins dont il avait dévoilé les turpitudes faillirent le mettre à mort. A Pontchâteau, le zélé missionnaire fit ériger un magnifique calvaire, autour duquel s'est élevé un établissement important, qui sert aujourd'hui de séminaire pour le diocèse d'Haïti.

Tant de bien et de bonnes œuvres ne pouvaient se faire sans trouver des contrariétés. Elles ne furent pas ménagées au saint prêtre. Aussi craignant d'avoir excédé les limites de son droit et les mesures de la prudence, voulut-il se retirer chez les jésuites de Nantes, comme s'il avait été un grand coupable. « Ce que j'ai vu et su, écrivait plus tard le P. de Préfontaine, supérieur de cette maison, ne me l'avait fait regarder jusque-là que comme un grand homme de bien ; mais cette patience, cette soumission à la Providence dans une occasion aussi délicate, la sérénité, la joie même qui paraissait sur son visage malgré des coups si accablants pour lui, me le firent dès lors regarder comme un saint, m'inspirèrent des sentiments de respect et de vénération pour sa vertu que j'ai toujours conservés depuis et que je conserverai jusqu'à la mort. »

Au milieu de ses amertumes, M. de Montfort, que le peuple lui-même sembla abandonner, trouva le moyen de se procurer un petit hospice, qu'une dame lui légua avec une bien modeste chapelle. Il y reçut de pauvres incurables et fonda ainsi un nouvel hôpital, qui existe encore à Nantes, tant il est vrai qu'il lui suffisait d'entreprendre une œuvre pour qu'elle réussît aussitôt, parce que Dieu y ajoutait ses grâces et ses bénédictions.

Après s'être exposé à la mort pour sauver des naufragés pendant une inondation de la Loire, il quitta cette ville de Nantes, si ingrate à son endroit. Il s'y était fait enrôler auparavant au *tiers-ordre* de Saint-Dominique, afin de pouvoir prêcher avec plus de fruits le *Saint Rosaire,* pour lequel il avait une dévotion spéciale.

Le pieux missionnaire fit ensuite une courte apparition à Luçon, puis passa au diocèse de la Rochelle, où il fut reçu avec une sorte d'enthousiasme. L'Evêque le chargea de diriger les missions, et il obtint, dans les différentes églises où il prêcha, les succès les plus extraordinaires. Cette ville, que Richelieu avait pu prendre, sans parvenir à la convertir, renfermait encore beaucoup de familles attachées au protestantisme. Le saint prêtre, au lieu de leur donner des conférences de controverse, comme on le lui conseillait, se contenta de leur parler de la Sainte Vierge et de réciter le rosaire avec ces braves gens, et il parvint ainsi à en ramener un très grand nombre au giron de l'Eglise. La plus célèbre de ses conversions fut celle de Mme de Mailly. C'était une femme de beaucoup d'esprit, et son attachement à l'hérésie la rendait chère au parti huguenot. Plusieurs protestants suivirent son exemple et restèrent comme elle toujours fidèle à la vraie foi.

Les calvinistes ne lui pardonnèrent jamais cette conquête. Ils cherchèrent même à attenter à sa vie, et ce n'est que par miracle qu'il échappa au poison versé dans sa nourriture. De la Rochelle, il passa à l'Ile-Dieu, où il fut reçu avec une véritable allégresse. Malgré quelques traverses de la part du gouverneur, il continua le cours de ses prédications, établit solidement la dévotion au saint rosaire, et planta une croix dans la partie la plus élevée de l'île, pour perpétuer le souvenir de cette mission. Il revint ensuite sur le continent, repassa dans quelques paroisses qu'il avait déjà évangélisées, et acheva de les convertir par sa pénitence et ses mortifications. Il logeait dans le réduit le plus obscur, le plus pauvre et le plus incommode qu'il pût trouver, dormait à peine trois heures, après s'être cruellement flagellé, puis passait le reste du temps en chaire ou au confessionnal. La confrérie de la croix qu'il avait établie partout, obtint le plus grand succès. Elle habituait le peuple à vaincre le respect humain et à marcher le front haut, à la suite de Jésus crucifié.

Pour toutes ces courses et ces missions si fatigantes, M. de Montfort n'avait eu qu'un compagnon, le frère Mathurin, qui lui resta toujours fidèle. Il comprenait bien qu'il avait besoin de s'associer des collaborateurs ; mais le temps lui manquait pour en chercher, les fonder et les unir par un règlement. Cette société existait cependant dans sa tête, et il songeait à lui donner le nom de *Compagnie de Marie*. L'Evêque de la Rochelle ayant approuvé son plan et ses idées, il rêva au moyen de trouver des ouvriers pour se consacrer comme lui à l'œuvre des missions. Il se rendit dans ce but à Paris, et y rencontra l'abbé Desplaces, de Rennes, un de ses condisciples qui venait de fonder le séminaire du Saint-Esprit. La rencontre providentielle de ces deux prêtres, qui avaient des attraits différents, acheva de fonder cette congrégation dont nous avons parlé plus haut, et qui tire toute sa force de l'union intime des *Pères du Saint-Esprit* et des *Missionnaires de Saint-Laurent-sur-Sèvre*.

Heureux de voir raffermie de ce côté l'œuvre des missions, M. de Montfort passa une seconde fois par Poitiers, où la congrégation des *Filles de la Sagesse* n'existait encore qu'en germe. Néanmoins il créa une succursale à la Rochelle, avec la sœur Louise de Jésus, Mlle Trichet, pour supérieure, et traça pour cette nouvelle maison un sage règlement, rempli des leçons de son expérience des âmes. C'est encore la règle suivie par cette congrégation, qui ne tarda pas à s'épanouir et à porter la bonne odeur de Jésus-Christ dans ses nombreux établissements.

Ce bon prêtre, au milieu de ses courses apostoliques, n'oubliait pas sa Bretagne. Il revint donc encore à Rennes, où il donna une retraite, qui fut suivie par quelques personnes de distinction, entre autres M. d'Orville, subdélégué de l'intendant. C'est à la suite de cette pieuse campagne dans son pays, où il est difficile de le suivre tant il se multipliait, qu'il fit sa première apparition en Normandie. Il y eut beaucoup à souffrir. Son extérieur si pauvre et si chétif le fit plus d'une fois refuser dans les moindres hôtels, et il dut souvent se reposer près de quelques calvaires, sur le bord de la route, exposé au froid de la nuit. C'est sans doute dans ces longues nuits, où il ne dormait guère, qu'il dut composer le cantique de la Croix, encore si populaire dans les missions.

A Coutance, cependant, il fut bien reçu et donna une retraite qui fut très suivie. La mission de Saint-Lô eut plus d'éclat : elle se termina par une grande procession, où l'on planta une croix qui a été longtemps l'objet de la dévotion des fidèles. Il y a cinq ans à peine, on en a renouvelé le culte, par l'érection, au même endroit, d'un magnifique calvaire de granit breton de notre habile sculpteur Lannionnais.

A Rouen, M. de Montfort trouva un chanoine de ses amis, M. Blain, qui avait entendu parler de ses singularités et se permit de lui en faire des reproches. Le pieux missionnaire se justifia avec tant de douceur et de modestie, que le bon chanoine resta pénétré et convaincu de sa sainteté et de sa vertu, au point qu'il se fit lui-même un devoir d'écrire sa vie. C'est ce travail qui a servi depuis à ceux qui ont voulu retracer quelques traits de l'existence et des travaux de cet homme admirable. N'ayant d'autre patrie que là où il y avait du bien à faire, l'apôtre breton revint sur ses pas. Il voulait revoir la Rochelle, pour s'assurer que sa congrégation des Filles de la Sagesse marchait bien. Comme il avait évangélisé les paroisses sur sa route, il continua sa mission dans cette ville. Pendant qu'il y prêchait sur la Sainte Vierge, le 2 février 1715, son visage, si exténué par la pénitence et les mortifications, se transfigura subitement et devint rayonnant de lumière, au point que ses amis mêmes ne le connaissaient qu'à la voix. Ce ne fut pas sans doute la seule merveille que Dieu opéra en faveur de son fidèle serviteur.

Sur son passage il fondait tantôt la société des *Pénitents blancs*, tantôt celle des *Vierges*, puis d'autres encore, et tout cela prenait racine et fructifiait à merveille. Après plusieurs courses apostoliques, où il plantait de nombreux calvaires, et supportait sans sourciller les injures de gens qui l'insultaient jusqu'au milieu de ses sermons, il se rendit à Saint-Laurent-sur-Sèvre, pour y ouvrir une grande mission pendant laquelle il se donna une fatigue incroyable. L'Evêque s'y étant rendu pour la clôture, le saint prêtre prêcha sur la douceur de Jésus-Christ avec une onction qui arracha des larmes à tous les assistants. Ce fut le chant du cygne. Exténué par la fatigue et les privations, il dut se coucher le soir même, sur son pauvre grabat, composé d'un peu de paille, dans un endroit obscur et abandonné, et il vit la mort venir. Il n'en fut point effrayé. C'était le commencement de la récompense après d'innombrables travaux. Il légua quelque chose du peu qu'il avait à ses confrères, aux pauvres paroisses qu'il avait évangélisées, et désigna pour son exécuteur testamentaire M. l'abbé Mulot, qui a dirigé de longues années, avec tant d'intelligence et de dévouement, la *Société des Missionnaires* et celle des *Filles de la Sagesse*. Après avoir ainsi assuré l'existence de son œuvre, le saint prêtre ne songea plus qu'à mourir. Il reçut les derniers sacrements de l'Eglise, avec cette foi et cette piété qui l'avaient soutenu dans ses épreuves, et rendit pieusement son âme à Dieu le 28 avril 1716. Il n'avait que quarante-trois ans ! Son corps fut inhumé dans l'église de Saint-Laurent, où on le trouva parfaitement intact dix-huit mois après. C'est autour de son tombeau que sont venues se fixer ses deux principales fondations : les Missionnaires du Saint-Esprit et les Filles de la Sagesse. Divers miracles y ont été accomplis, et sur les vives instances du peuple, l'Evêque de Luçon, l'Archevêque de Paris, Mgr de Quélen, breton comme lui, ainsi que d'autres prélats ont demandé sa canonisation. Les événements qui ont si souvent bouleversé notre pays depuis cette époque, ont empêché de donner suite à cette affaire. Les dangers qui menacent aujourd'hui notre jeunesse, en lui enlevant toute notion d'enseignement religieux, ont porté nos évêques à réclamer du Pontife infaillible, la béatification des deux grands fondateurs de nos écoles chrétiennes : Jean-Baptiste de la Salle et Louis Grignion de Montfort. Nous avons vu avec quel enthousiasme la France entière a applaudi au culte rendu au premier, avec quelles explosions d'allégresse la Bretagne, la Vendée et l'Anjou, ont célébré les fêtes de l'apôtre breton. La communauté, fondée sur l'emplacement de sa maison à Montfort, a été le centre de fêtes magnifiques qui ont duré trois jours, et nous pouvons aujourd'hui invoquer pour nous et nos enfants, ces deux protecteurs qui ont tant travaillé pour la gloire de Dieu.

§ XXII. — Pierre Le Gouvello de Quériolet.

Le XVIIe siècle, si fécond en exemples de vertus, n'en a produit aucun de plus merveilleux que celui de M. de Quériolet. C'était un homme du monde, mais de ce monde pervers que Notre-Seigneur, si doux cependant et si patient, a laissé sous le poids de son indignation et de sa colère. « Malheur au monde, disait-il, à cause de ses scandales. » Oui, il appartenait bien à ce monde corrompu, railleur, foncièrement impie, ce Seigneur breton que sa naissance, sa fortune et son intelligence, appelaient aux plus hautes fonctions dans le Parlement de son pays.

Né à Auray, d'une des plus anciennes familles

de la Province, il fut élevé avec beaucoup de soins par ses parents, et reçut une excellente éducation, dans un des meilleurs établissements religieux. Et cependant, par un de ces changements inexplicables en apparence, nous le voyons dès son entrée dans le monde, animé d'une haine implacable contre Dieu et sa religion sainte. Il voulait apostasier et se rendit en Turquie, avec l'intention de se faire mahométan : Il insultait le ciel et tirait des coups de fusil contre les nuages orageux. Son lit fut presque brûlé par le feu du tonnerre, et la foudre éclata sur sa tête pendant qu'il traversait à cheval une lande isolée. On l'a vu invoquer publiquement le démon, et il désirait ardemment de s'entretenir avec les possédés de Loudun.

Au milieu de tant de désordres, le jeune conseiller nourrissait dans son cœur un grand amour pour les pauvres ; et quelque avare qu'il fût, il ne passait jamais un de ces malheureux sans lui donner quelque chose, aimant mieux dépenser une pistole que de refuser l'aumône à un pauvre. Pour ce qui était de sa charge de conseiller commissaire aux enquêtes du Palais, il en remplissait aussi les obligations avec la plus scrupuleuse exactitude.

A côté de ces bonnes qualités, une vie de désordres tels qu'il est impossible même d'en faire un résumé, dans un travail qui veut se respecter ! Il se vantait de ne croire à rien, ni au ciel, ni à l'enfer, et professait même publiquement l'athéisme le plus épouvantable ! Avec cela, ce jeune impie ne se couchait jamais sans réciter une prière à la Sainte Vierge. C'est elle, comme il le reconnut plus tard, qui l'avait préservé de la foudre et avait plongé le bras jusqu'à l'épaule, pour l'arracher de l'enfer.

Cette vie criminelle était cependant entremêlée de velléités de conversion, qui allèrent jusqu'au point de le faire entrer chez les Chartreux de la communauté de Saint-Michel, près de sa ville natale. Il sortit de cet asile du repentir comme honteux de ce qu'il appelait sa faiblesse, et reprit, avec plus de fureur que jamais, le triste cours de ses désordres. Voilà le gentilhomme breton, redoutable et redouté, qui portait le nom de Pierre Le Gouvello de Quériolet, un des conseillers les plus distingués du Parlement de Bretagne.

Dans ses courses vagabondes, il avait vu ct entendu saint Vincent de Paul, le grand apôtre de la charité, mais sans se présenter à lui, bien qu'il y eût entre eux cette grande générosité pour les pauvres, sur laquelle ils pouvaient s'entendre. La sainteté de cet homme et son inépuisable charité ; les possessions de Loudun, où la curiosité et la poursuite de ses désordres l'avaient attiré, tout cela produisit cependant sur son cœur un bouleversement dont il s'effraya lui-même. Les persécuteurs sont plus près de la vertu qu'ils ne le pensent, et le siècle le plus malade sera toujours celui qui s'endort dans une indifférence léthargique, qui conduit à la mort sans secousse et sans bruit.

Quelle fut donc la puissance qui changea tout d'un coup cette âme rebelle, ce cœur corrompu, cet esprit qui ne se dépensait qu'à chercher des raffinements pour le vice ? Ce ne peut être que l'exemple de la charité de saint Vincent et la prière du pauvre !

Un jour, les habitants de Vannes furent merveilleusement surpris de voir agenouillé sur les dalles de la chapelle des jésuites un jeune homme, hélas, trop connu par les désordres de sa vie ! Il attendait son rang près d'un confessionnal. L'aveu fut long et pénible, entrecoupé de larmes et de sanglots, mais le repentir fut sincère et durable cette fois, chez cet homme, complètement changé !

Rentré chez lui, M. de Quériolet fait un sort convenable à chacun des domestiques de sa maison. Il n'en avait plus besoin. Son château allait être transformé en hôpital, et il ne garde auprès de lui que ceux qu'il croit propres à y servir les malades.

Afin d'avoir plus de biens à leur consacrer, il vend sa place de conseiller à René du Plessis, un gentilhomme de ses amis, et prend l'habit et le bâton de mendiant, pour se rendre, inconnu et à pied, jusqu'à Rennes, afin de faire amende honorable, disait-il, à cette ville qu'il avait scandalisée par ses désordres. C'est à Notre-Dame de Bonne-Nouvelle qu'il voulut faire cette réparation solennelle. Il y passa neuf jours entiers, agenouillé sur le pavé, et n'en sortait que le soir pour mendier quelques morceaux de pain et chercher un gîte sous un porche quelconque dans les rues voisines. A son retour de ce pèlerinage, où il avait eu tant à souffrir de la brutalité des autres mendiants qui lui reprochaient publiquement ses dévotions, M. de Quériolet n'eut qu'une crainte, celle de retomber dans sa vie criminelle. Il s'adressa à son directeur, qui lui conseilla de mettre entre le monde et lui une barrière infranchissable.

Il réfléchit longtemps et pria beaucoup. Sa pensée se tourna vers l'état ecclésiastique ; mais son passé était là comme un obstacle insurmontable. Il le croyait du moins, ce qui ne l'empêcha pas d'en parler à Mgr de Rosmadec. Ce saint prélat fut d'un avis contraire et lui conseilla fortement d'entrer dans la cléricature. Il eut beaucoup à étudier, mais le travail ne l'effrayait pas, et se croyant appelé par le ciel, malgré son indignité, il se présenta à l'ordination. Après avoir passé par les différents degrés de la hiérarchie, Sébastien de Rosmadec lui conféra la prêtrise, le 28 mai 1637, pensant avec raison, que Celui qui en un instant avait changé un persécuteur en apôtre, pouvait aussi faire d'un impie si solidement converti, un digne ministre de ses autels.

En entrant dans le sacerdoce, M. de Quériolet eut pour but, non seulement de se sanctifier lui-même par le sacrifice de la messe, qu'il pouvait célébrer tous les jours et en tous lieux, mais encore de rendre service à ses frères, aux pauvres surtout dont il s'était constitué déjà le père nourricier. Il reprit donc le cours de ses pèlerinages, voulant, comme il l'avait fait à Rennes, réparer ses scandales dans toutes les villes où il avait passé quelques années de sa vie. Il alla ainsi, toujours à pied et en mendiant, faire une neuvaine à l'église de Sainte-Croix de Loudun, puis une autre à Notre-Dame de Liesse, en Picardie, puis à Rennes encore. Il avait fait vœu de faire au moins dix lieues par jour, et il y fut fidèle, malgré sa goutte et le mauvais état de sa chaussure, dont il laissait à dessein les clous pénétrer à l'intérieur pour souffrir davantage. Du reste il s'était engagé, pour expier ses crimes, à faire à son corps le plus de mal, et à son prochain tout le bien qu'il pourrait.

Les détails de sa vie pénitente, nous les passerons sous silence, comme nous l'avons fait pour l'énumération de ses vices. Ce serait trop effrayant pour la mollesse de notre temps. Ses macérations furent telles, qu'elles engendrèrent en lui les plus graves infirmités. Si Dieu n'avait pas guéri, par un miracle visible, un abcès qui s'était formé à son genou, les médecins eussent été forcés de lui couper la jambe. Passer cinq et six heures par jour à genoux et pendant la nuit, rechercher les hôpitaux et les malades les plus répugnants, pour les soigner avec une assiduité telle qu'il avait à peine le temps d'aller chercher, pour se nourrir, quelques croûtes de pain, avec un peu de légumes et quelques fruits dont les pauvres ne voulaient pas, c'étaient les moindres de ses mortifications.

Comme les visites aux tombeaux des apôtres passaient encore à cette époque pour une expiation aux plus grands crimes, M. de Quériolet voulut s'y rendre uniquement par dévotion. Il ne chercha même pas à voir le Souverain-Pontife, se jugeant indigne de cette faveur, et ne remarqua aucun des beaux monuments qui font de cette ville la merveille du monde.

Si le saint prêtre interrompait quelquefois ses douloureux voyages, ce n'était que pour se mettre en retraite dans les forêts ou les déserts, où il passait jusqu'à quinze et vingt jours, sans autres aliments que des morceaux de pain desséché mendiés le long du chemin. Il couchait sur la terre nue, n'ayant, pour reposer sa tête, qu'une pierre ou le bord d'un fossé humide. Il semble difficile de comprendre que l'homme puisse aller plus loin dans les supplices qu'il impose à son pauvre corps ; ce n'est là cependant qu'une faible idée de ce que souffrit M. de Quériolet, pour remplir son premier engagement.

Pour faire le plus de bien possible aux pauvres, il ne regarda plus sa fortune qui était considérable que comme leur patrimoine. S'il ne s'en présentait pas assez à son château, transformé en hôpital, comme nous l'avons dit, il allait lui-même chercher les malades de tous les côtés ; et quand leur faiblesse ne leur permettait pas de le suivre, il les chargeait sur ses épaules, pour les porter dans les lits qu'il leur préparait lui-même. Il arrivait quelquefois que la distance était trop grande, et que ses forces ne suffisaient pas pour les porter si loin. Alors il imitait le bon Samaritain de l'Evangile, il les déposait dans les maisons les plus voisines et recommandait aux maîtres d'en prendre soin, en leur laissant, et au-delà, l'argent nécessaire pour les nourrir et les habiller.

Sa charité se portait surtout sur les pauvres honteux, et il trouvait le moyen de soulager leur misère sans la faire connaître. Ses soins se tournaient aussi du côté des pauvres jeunes filles, qui n'avaient pas le moyen de s'établir, et il leur procurait généreusement des dots pour se marier ou se faire religieuses. Pour être encore plus à même de soulager les besoins des pauvres, il avait établi, chez lui, des magasins d'habits et de toutes sortes d'effets, et quand il avait tout distribué, il détachait jusqu'aux rideaux de son lit et donnait largement à tout le monde : les couvertures, les draps, tout y passait, plutôt que de renvoyer quelqu'un sans le soulager. On n'a pas osé écrire que Dieu multipliait les biens dans sa maison ; mais tout le monde en était convaincu, dans l'impossibilité d'expliquer autrement ses immenses largesses.

C'était l'usage alors de payer les revenus des terres en grains de différentes sortes. Il en arrivait donc chez lui de grandes quantités. Or, jamais on ne l'avait vu en vendre la moindre partie : tout passait en farine et en pain pour la nourriture des pauvres. Et comme s'il ne s'en présentait pas assez à son château, il se rendait toutes les semaines pour faire des distributions extraordinaires dans les prisons, les hôpitaux de la ville et du voisinage. Un tel exemple ne resta pas sans porter de fruits, et plusieurs gentilshommes du pays en vinrent aussi à distribuer, comme lui, une grande partie de leurs revenus pour soulager les pauvres qui sont les membres souffrants de Jésus-Christ.

Comme le saint prêtre voulait joindre les soulagements spirituels aux secours temporels distribués si largement par lui ou les serviteurs de sa maison, il demanda, et obtint de l'Evêque, le pouvoir de confesser les passants et de leur administrer, au besoin, tous les autres sacrements de l'Eglise. Ces pauvres, en effet, qui parcourent nos villes et nos campagnes, ont souvent une conduite déplorable, et oublient complètement tous leurs devoirs religieux, et le meilleur service à leur rendre est de les remettre dans la bonne voie. Il y avait, à un petit quart de lieue de son château, une petite chapelle. C'est là qu'il les réunissait tous les soirs, pour leur faire une exhortation et leur apprendre, avec leurs prières, leurs principales obligations envers Dieu. Les pauvres ne furent pas les seuls à s'y rendre : des personnes de distinction voulurent s'y associer pour profiter de ces instructions. M. de Quériolet les renvoyait impitoyablement et se chargeait de les conduire lui-même aux Carmes de Sainte-Anne, pour se consacrer uniquement à ses pauvres.

Il y avait, vers le même temps, à Paris, un prêtre d'une vertu extraordinaire, nommé M. Bernard, du diocèse de Dijon. Le procureur du roi, à Vannes, en parla à M. de Quériolet et l'engagea fortement à lui faire visite. « Je ne le promets pas, répondit l'humble prêtre ; mais si je le rencontre, je lui parlerai. » Or, il arriva qu'un jour, en passant par cette ville, il vit un ecclésiastique pauvrement vêtu, arrêté devant un carrosse, où des dames lui parlaient avec une grande animation. « Quoi, disait l'une, un gentilhomme, un cavalier ! vous perdez la tête, Père Bernard ! » M. de Quériolet alla droit à ce prêtre et lui dit : C'est vous M. Bernard. Oui répondit l'ecclésiastique, et vous êtes, vous, M. de Quériolet ! Oui, Mesdames, continua-t-il, c'est ce cavalier dont je vous parlais, et c'est lui qui vous dira ce qu'il faut faire pour bien servir Dieu ! Les deux saints prêtres, qui s'étaient reconnus sans s'être jamais vus, quittèrent ces personnes en les laissant sous une émotion bien facile à comprendre. Le P. Bernard amena M. de Quériolet chez lui, et le garda trois jours. Il lui fit visiter plusieurs personnes dévotes, et en particulier saint Vincent de Paul, avec lequel il eut de longs entretiens et des conférences particulières.

Dire ce qui s'est passé dans cet entretien entre ces deux saintes âmes, serait bien difficile, sans doute, mais peut se supposer sans peine. Combien de projets et d'inventions charitables pour le soulagement des pauvres ! Que d'élans de piété et de ferveur ! C'est peut-être à la suite de cet entretien, dont il garda toujours la plus douce impression, que M. de Quériolet songea à une œuvre dont il sentait vivement la nécessité. Il avait remarqué que par suite de malheurs ou même de l'inconduite de leurs parents, des enfants de bonne famille, tombés dans la misère et par là dans le vice, traînaient tristement dans la boue des noms que la France avait autrefois honorés. Leur donner une éducation conforme à leur rang, ce serait, disait-il, les préserver des plus honteux désordres, suites trop fréquentes du désespoir, et conserver au pays des hommes de valeur. « Il y a, en effet, ajoutait-il, des hôpitaux pour les mendiants, des maisons de charité pour les enfants du peuple, des hôtels-Dieu pour les malades, des sociétés pour l'assistance des pauvres honteux, des collèges pour les indigents, et il n'y a ni séminaire, ni académie pour les enfants des grandes familles tombées dans la misère ! »

Déjà M. de Quériolet avait parlé de son projet à quelques-uns de ses anciens confrères au Parlement : il avait même rédigé un mémoire dans ce sens, pour être présenté aux Etats de la Province ; mais sa vie ne fut pas assez longue pour procurer cet avantage à son pays. Epuisé de fatigue par ses abstinences et ses jeûnes continuels, il fut pris d'un refroidissement subit, au moment où il se rendait à la chapelle de Sainte-Anne, comme il en avait l'habitude tous les mercredis et quelquefois plus souvent. Il dut s'arrêter plusieurs fois pour se reposer, et ne put faire ses dévotions ordinaires qu'avec extrêmement de peine. Sentant sa poitrine de plus en plus oppressée, il fit chercher à la hâte son directeur, se confessa et communia en viatique. Quelques jours après, il demanda l'extrême-onction, qu'il reçut avec la plus touchante piété. Il était prêt, on le comprend sans peine, et cependant le *pauvre pécheur*, comme il aimait à s'appeler, tremblait de frayeur à l'approche des jugements de Dieu. Il lui offrit donc encore ses dernières souffrances, qui furent atroces, en expiation de ses crimes, puis après avoir édifié tout le monde par sa patience et sa résignation parfaite, il étendit les bras en forme de croix et prononça en pleurant ces dernières paroles : *Je remets mon âme entre vos mains, ô mon Dieu, ayez pitié du pauvre pécheur !* Un reflet de bonheur brilla sur son visage amaigri ; puis il leva les yeux au ciel et expira doucement, le 8 octobre 1660, à l'âge de 58 ans. Son corps fut enterré dans la chapelle de Sainte-Anne, comme il en avait exprimé le désir, au bas des marches du grand autel, où il est resté jusqu'à la reconstruction de la nouvelle basilique, et un grand nombre de miracles ont été accomplis sur son tombeau. Que l'Eglise se prononce ou non sur sa sainteté, nous avons cru qu'un tel exemple devait trouver sa place parmi les personnages du XVIIe siècle, dont nous avons retracé sommairement la vie. L'influence de saint Vincent de Paul s'est exercée sur notre pays, et de nos jours encore on revient en Bretagne sur ces pieuses et nobles traditions. L'amour des pauvres sera le point de rencontre, et la basilique de Sainte-Anne d'Auray, le rendez-vous de tous ces grands dévouements.

Nous déposons humblement ce travail sous les auspices de cette grande patronne de notre pays, et le dédions respectueusement au plus illustre des enfants de Lannion, à Monseigneur LAOUÉ-

NAN, archevêque de Pondichéry, le restaurateur de la hiérarchie dans les Indes françaises, le savant historien des religions de ce pays, le lauréat de l'Académie, et par dessus tout, le continuateur des missionnaires bretons.

Lannion, en la fête de Sainte-Anne, le 26 Juillet 1890

FRANCE, Curé.

TABLE

KERDUEL OU LES MISSIONNAIRES
Du XVIIe siècle
AU PAYS DE LANNION

		Pages.
§ I.	— Kerduel	5
§ II.	— La Bretagne au XVIIe siècle	13
§ III.	— Les premiers Missionnaires Bretons	20
§ IV.	— Michel Le Nobletz	24
§ V.	— Le Père Maunoir	34
§ VI.	— Le Clergé de Bretagne au XVIIe siècle	38
§ VII.	— Le Père Maunoir et M. de Trémaria	44
§ VIII.	— Les Missions en Bretagne	56
§ IX.	— Le Père Maunoir et ses Missionnaires	63
§ X.	— M. de Trémaria, missionnaire	78
§ XI.	— M. l'abbé de Kerisac	96
§ XII.	— Dernières années de M. de Kerisac	111

§ XIII. — Dernières années du Père Maunoir   121
§ XIV. — Influence salutaire des Missions.   135
§ XV. — Influence des Missions. — Congrégation de femmes........   149
§ XVI. — Influence des Missions. — Maisons de Retraites..........   159
§ XVII. — Autres établissements pour l'éducation des enfants..........   180
§ XVIII. — Influence des Missions. — Confréries..................   197
§ XIX. — Superstitions résultant de dévotions mal entendues........   225
§ XX. — De la langue parlée par les Missionnaires................   246

APPENDICE

Un grand apôtre et un illustre pénitent.

§ XXI. — Le Bienheureux Grignion de Montfort..................   262
§ XXII. — Pierre Le Gouvello de Quériolet.   281

---

190. — Saint-Brieuc. Imprimerie René PRUD'HOMME.
Imprimeur de S. G. Monseigneur l'Evêque.

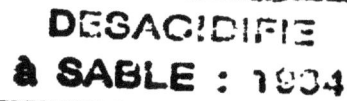

www.ingramcontent.com/pod-product-compliance
Lightning Source LLC
Chambersburg PA
CBHW071139160426
43196CB00011B/1941